Méthodes et outils pour apprendre

Fin de cycle 4

Histoire Géographie 3e

CAROLINE RAVINAL
Professeure d'histoire-géographie
Collège Bellevue à Beausoleil, académie de Nice

LAURENT RAVINAL
Professeur d'histoire-géographie
Collège Charles III, Principauté de Monaco

Hatier

PRÉSENTATION

Dans ce cahier, je suis amené(e) à acquérir des compétences en histoire et en géographie à mon rythme pour préparer les épreuves du brevet.

Je travaille tous les thèmes du programme d'histoire et de géographie au fil de mon parcours de compétences.

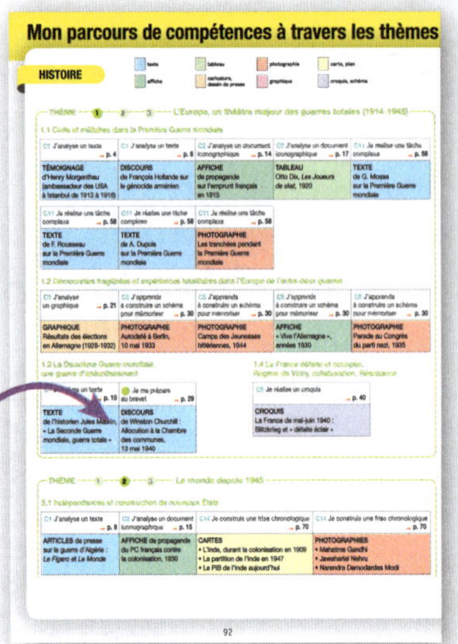

Je m'approprie les savoir-faire grâce aux étapes pas à pa de la méthode. Je travaille seul(e) ou avec mon professeu

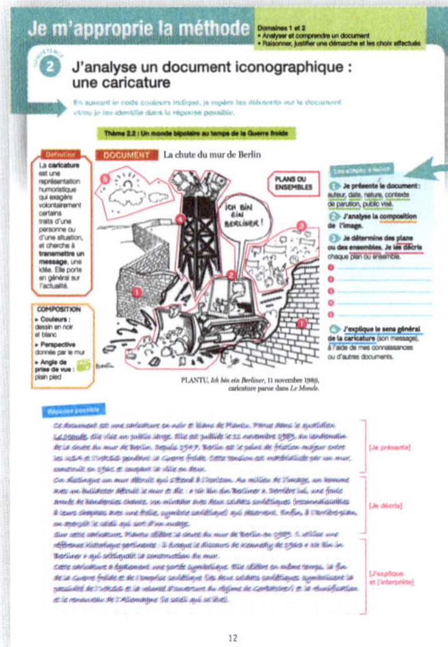

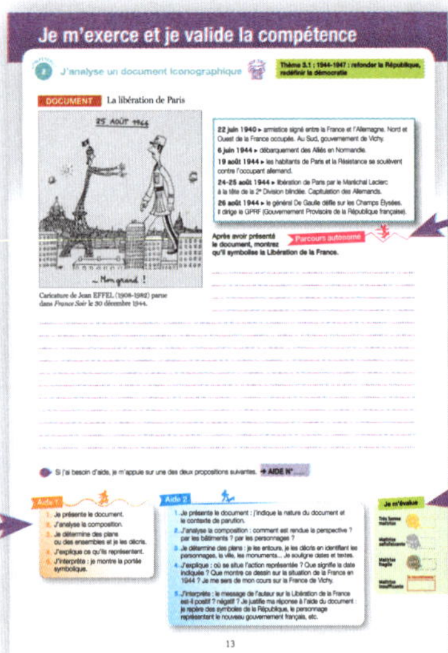

Je valide l'acquisition de la compétence.

Si j'ai besoin d'aide, je choisis une des deux propositions.

J'évalue mon degré de maitrise de la compétence.

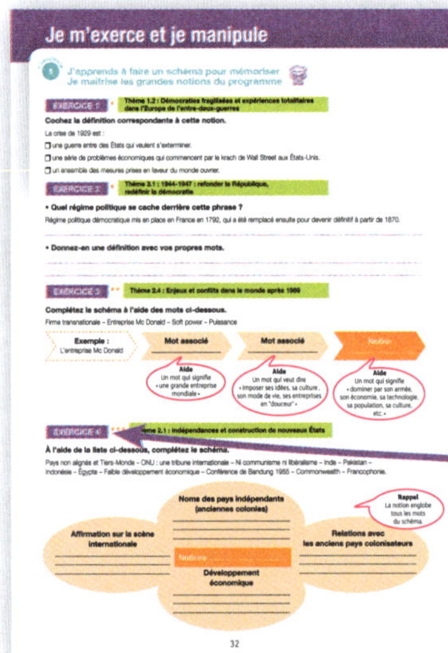

Pour bien maitriser les grandes notions du programme et réussir mon développemen construit, je m'entraine grâce à de nombreux exercices progressifs.

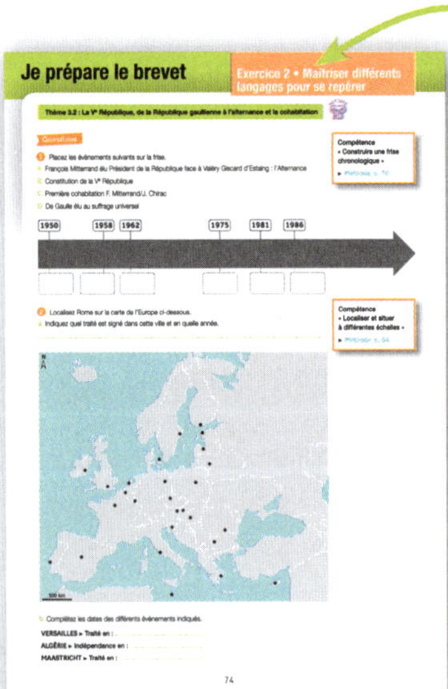

Je prépare pas à pas chaque partie de l'épreuve du brevet.

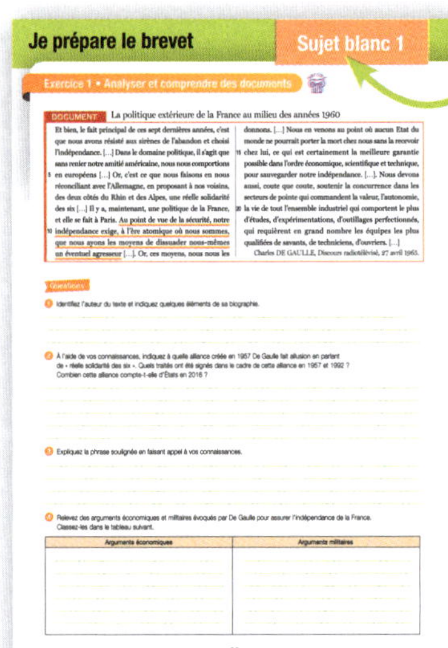

Je m'entraine sur des sujets de brevet complets.

© Hatier, Paris, 2016. ISBN : 978-2-401-02692-6

SOMMAIRE

Mon parcours de compétences à travers les thèmes du programme ➤ p. 92

PARTIE 1 ANALYSER DES DOCUMENTS DE NATURE VARIÉE

PARTIE 2 PRATIQUER DIFFÉRENTS LANGAGES

PARTIE 3 RAISONNER, JUSTIFIER UNE DÉMARCHE ET LES CHOIX EFFECTUÉS

PARTIE 4 SE REPÉRER DANS LE TEMPS ET DANS L'ESPACE

PARTIE 5 COOPÉRER ET MUTUALISER / S'INFORMER DANS LE MONDE NUMERIQUE

Je m'approprie la méthode

Domaines 1 et 2
- Analyser et comprendre un document
- Raisonner, justifier une démarche et les choix effectués

COMPÉTENCE 1

J'analyse un texte : un témoignage

En suivant le code couleurs indiqué, je souligne les éléments sur le document et/ou je les identifie dans la réponse possible.

Thème 1.1 : Civils et militaires dans la Première Guerre mondiale

Question : En quoi ce document montre-t-il que les Arméniens ont été victimes d'un « génocide » et non d'un « massacre de guerre » ?

DOCUMENT

Henry Morgenthau est ambassadeur des États-Unis à Constantinople (ancien nom d'Istanbul) de 1913 à 1916. Pendant son mandat, il est en contact avec les dirigeants politiques ottomans, notamment Talaat. Il reçoit des récits d'autres consuls étasuniens des différentes parties de l'Empire Ottoman, témoins directs du génocide.

« Au début d'avril [1915], on arrêta à Constantinople environ 200 Arméniens, qui furent envoyés dans l'intérieur. La plupart d'entre eux occupaient d'importantes situations, socialement ou matériellement parlant ; [...] j'intercédai en leur faveur auprès de Talaat. Il me répondit que le gouvernement se trouvait en cas de légitime défense, car les Arméniens à Van venaient de révéler leurs talents révolutionnaires, et que les suspects de Constantinople, par leurs relations avec les Russes, étaient capables de provoquer une insurrection contre le gouvernement ottoman. Le moyen le plus sûr était donc de les expédier à Angora et autres villes éloignées ; Talaat niait que l'expulsion de la population arménienne fît partie d'un programme prémédité, et assurait même que celle-ci ne serait point inquiétée. Cependant les détails arrivant de l'intérieur se firent plus précis et plus inquiétants. [...] Quoique l'on rendît les voyages extrêmement difficiles, certains Américains, [...] réussirent à passer ; ils vinrent s'asseoir dans mon bureau et pendant des heures me retracèrent, tandis que des larmes coulaient sur leurs joues, toutes les horreurs dont ils avaient été témoins [...]. Quelques-uns m'apportèrent des lettres de consuls américains, confirmant les détails les plus affreux de leurs récits. [...]

"Je m'aperçois, écrivis-je dans mon Journal à la date du 3 août, que c'est lui [Talaat] l'instigateur le plus acharné des souffrances de ces pauvres gens." Il m'apprit [...] qu'il ne fallait pas croire que les déportations eussent été décidées à la hâte, mais qu'elles étaient au contraire le résultat de longues et sérieuses délibérations. »

Henry MORGENTHAU, « Talaat justifie "l'extermination arménienne" »,
Vingt-six mois en Turquie, Payot, 1919.

Les étapes à suivre

1. **J'identifie et je présente le document : nature, auteur, date, contexte.** Je repère la fonction historique de l'auteur : selon sa position – spectateur, victime ou bourreau –, il peut embellir ou amoindrir son rôle ou le récit.
2. **J'indique le thème (idée principale) du document :**
3. **Je contextualise le thème étudié par rapport à la date de rédaction** du témoignage. Si le témoignage est écrit au moment des faits, il risque de manquer de distance ; s'il est écrit plus tard, des éléments peuvent avoir été oubliés ou rajoutés.
4. **J'évalue la fiabilité du témoignage en comparant les informations données à mes connaissances sur le sujet.**
5. **Je réponds à la consigne en sélectionnant des informations (dates, chiffres, évènements, idées de chaque paragraphe).**

Réponse possible

Ce document est un témoignage sur le génocide arménien d'Henry Morgenthau, ambassadeur étasunien dans l'Empire Ottoman en 1913 à 1916. Henry Morgenthau n'est pas un témoin direct des massacres mais il est en contact avec des « consuls », qui attestent des massacres. **[J'identifie l'auteur et j'indique le thème]**

Il publie son ouvrage en 1919, soit 3 ans après la fin du génocide. Il indique qu'il a tenu un journal (l. 17) : ses souvenirs sont donc précis, bien que subjectifs car il s'agit de son point de vue et de son ressenti. **[Je contextualise]**

Son témoignage est crucial car il insiste sur le fait que l'État ottoman a planifié et organisé l'extermination méthodique de la minorité arménienne : arrestations, exécutions, déportations. Grâce à lui, on peut aujourd'hui attester que nous sommes bien en présence d'un génocide, reconnu à l'époque par les dirigeants ottomans en privé, et non pas des massacres de guerre. **[J'évalue la fiabilité]**

Je m'exerce et je valide la compétence

COMPÉTENCE 1 **J'analyse un texte** HISTOIRE

Thème 2.2 : Un monde bipolaire au temps de la Guerre froide

DOCUMENT La construction du mur de Berlin

Bernard Aubert est un journaliste de l'Agence France Presse qui a couvert la construction du mur de Berlin.

« En pleine guerre froide, la paix mondiale était soudain menacée. [...] La tension qui pesait sur Berlin depuis deux jours était palpable. Des militaires américains, anglais, français, des diplomates de toutes nationalités, reconnaissables à leurs impeccables costumes et leur attaché-cases, côtoyaient une foule de civils aux visages tendus, aux regards inquiets. Mais les Berlinois qui avaient connus en 1945 la vision d'apocalypse de l'ultime bataille, puis en 1948 le blocus de la ville [...], ne cédaient pas à la panique et gardaient leur sang-froid. [...] On sait que les Alliés – à part des notes « énergiques » de protestation – ne firent rien. Le Président Kennedy qualifia la construction du Mur de « solution peu élégante, mais mille fois préférable à la guerre ». [...] Chaque jour, nous parcourions du Nord au Sud ce qui allait devenir le « mur de la honte ». Ce n'était alors qu'un barrage construit activement, fait de bric et de broc, de barbelés et de parpaings destinés à l'origine à la construction de bâtiments d'habitation. [...] Nous marchions un jour [...] dans une rue presque déserte conduisant à la célèbre Bernauerstrasse (où un immeuble situé à l'Est avait une façade donnant à l'Ouest, ce qui permit pendant quelque temps à ses habitants de se jeter par les fenêtres en étant recueillis à l'Ouest par des toiles tendues par les pompiers) quand nous vîmes un homme surgir du haut du « mur de la honte » et sauter à nos pieds. [...] Nous aidâmes ce jeune fugitif à se relever [...] en lui proposant notre aide, mais il nous expliqua l'air goguenard qu'il avait fait tomber sa truelle à l'Ouest et qu'il voulait juste la récupérer pour continuer à consolider le mur... [...] »

Bernard AUBERT, « La construction du Mur de Berlin », *Le Magazine des livres*, 2011.

Après avoir présenté le document, justifiez le degré de confiance que l'on peut lui accorder dans une démarche historique. **Parcours autonome**

Si j'ai besoin d'aide, je m'appuie sur une des deux propositions suivantes. **➜ AIDE N°** ....

Aide 1

1. J'identifie et je présente la nature du document et son auteur.
2. Je contextualise le thème étudié.
3. Je repère les intentions de l'auteur : je valide ses propos en recoupant les informations avec mes connaissances.

Aide 2

1. J'identifie la nature du texte et son auteur : je repère le chapeau et la source, je donne le nom de l'auteur et j'identifie sa fonction au moment de l'évènement. Je repère les pronoms personnels utilisés.
2. Je contextualise : j'utilise mes connaissances pour expliquer et dater le Blocus de Berlin et le mur de Berlin.
3. Je repère les intentions de l'auteur : je valide ses propos en recoupant les informations évoquées dans le document avec mes connaissances.

Je m'évalue

- Très bonne maitrise (OR)
- Maitrise safisfaisante (ARGENT)
- Maitrise fragile (BRONZE)
- Maitrise insuffisante — Je recommence !

Je m'approprie la méthode

Domaines 1 et 2
- Analyser et comprendre un document
- Raisonner, justifier une démarche et les choix effectués

COMPÉTENCE 1

J'analyse un texte : un discours

En suivant le code couleurs indiqué, je souligne les éléments sur le document et/ou je les identifie dans la réponse possible.

Thème 1.1 : Civils et militaires dans la Première Guerre mondiale

Questions : Que nous apprend ce document sur le génocide arménien ? Quelles sont les intentions de l'auteur ?

DOCUMENT

Discours prononcé par le Président de la République française François Hollande à Erevan (capitale de l'Arménie), le vendredi 24 avril 2015.

« Je tenais au nom de la France à être présent à Erevan, en ce 24 avril 2015, pour marquer le centenaire du génocide. Je m'incline devant la mémoire des victimes et je viens dire à mes amis arméniens que nous n'oublierons jamais les tragédies que votre peuple a traversées.

Il y a 100 ans, une haine destructrice a voulu exterminer une population parce qu'elle était arménienne. Cette haine a commis des massacres considérables, mais elle n'a pas pu atteindre sa fin ultime. Vous êtes là debout, vivants, l'Arménie porte une mémoire singulière mais son message est universel, c'est celui de la résistance, c'est celui de la reconnaissance, c'est celui de l'espérance.

Le génocide a commencé comme tous les massacres par une rafle d'intellectuels, dans la nuit du 23 au 24 avril 1915 à Constantinople, ils ont été arrêtés et suppliciés. Et la mécanique infernale de l'extermination s'est mise en marche : déplacements forcés, déportations massives, exécutions sommaires et abandon des plus fragiles dans le désert pour finir avec les camps de concentration.

Dès le 24 mai 1915, la France, la Grande Bretagne et la Russie ont dénoncé dans une déclaration commune des crimes contre l'humanité et contre la civilisation. [...]

Depuis, le 29 janvier 2001, c'est par la solennité d'une loi [...] que « la France reconnait publiquement le génocide arménien de 1915 ». Cette loi [...] énonce des faits établis depuis longtemps par les historiens. Leur travail n'est pas épuisé, c'est pourquoi à Paris s'est tenu le mois dernier un colloque international sur 100 ans de recherche sur le génocide des Arméniens. [...]

Cette loi de 2001 fut un acte de vérité, cette loi était nécessaire car il n'y a que la vérité qui puisse apaiser les vivants et rendre justice aux morts. [...] Cette loi, elle est conforme aux valeurs de la République française, car la France veut être toujours au côté de ceux qui se battent pour la reconnaissance de leur droit le plus sacré. Le premier droit c'est celui de la mémoire. [...] »

Les étapes à suivre

1. **J'identifie et je présente le document : (nature, date, auteur, lieu).**
2. **J'indique le thème (idée principale) du document :**

   ....

3. **Je contextualise à l'aide de mes connaissances :** où se trouve l'auteur lors de son discours ? À quelle date ? Quelle est la situation historique à ce moment-là ? À qui s'adresse le discours ?
4. **Je repère les intentions de l'auteur** : un discours sert à convaincre l'auditoire (utilisation de figures de style). Un discours a souvent des intentions politiques /idéologiques implicites, que je dois découvrir en m'appuyant sur mes connaissances et sur le contexte.
5. **Je sélectionne les informations (dates, chiffres, évènements, idées de chaque paragraphe) qui permettent de répondre au sujet.**

Réponse possible

Ce document est un discours de François Hollande, Président de la République française depuis 2012, qui traite du génocide arménien. **[J'identifie la nature du texte et j'indique le thème]**

Le Président est en voyage diplomatique à Erevan, capitale de l'Arménie, et prononce son discours le vendredi 24 avril 2015. Nous sommes 100 ans après le commencement du génocide arménien : c'est une cérémonie de commémoration. **[Je contextualise]**

François Hollande explique ce qu'est un génocide « exterminer une population parce qu'elle était arménienne » (l. 5-6). Il rappelle certains procédés du génocide : les déportations, les exécutions barbares. Mais il met aussi en avant le rôle de la France qui a dénoncé en premier ces atrocités en 1915, et qui a même fait passer une loi en 2001 pour reconnaître officiellement le génocide. La visite de François Hollande n'est pas qu'un simple devoir de mémoire, il y a aussi des enjeux diplomatiques : montrer le rayonnement de la France dans le monde. **[Je repère les intentions de l'auteur]**

Je m'exerce et je valide la compétence

COMPÉTENCE 1 **J'analyse un texte** HISTOIRE

Thème 3.3 : Femmes et hommes dans la société des années 1950 aux années 1980

DOCUMENT L'Interruption Volontaire de Grossesse (IVG)

« La plupart d'entre vous le sentent, qui savent qu'on ne peut empêcher les avortements clandestins et qu'on ne peut non plus appliquer la loi pénale à toutes les femmes qui seraient passibles de ses rigueurs[1].

Pourquoi donc ne pas continuer à fermer les yeux ? Parce que la situation actuelle est mauvaise. Je dirai même qu'elle est déplorable et dramatique.

[...] Lorsque les médecins, dans leurs cabinets, enfreignent la loi et le font connaitre publiquement, [...] lorsque des services sociaux d'organismes publics fournissent à des femmes en détresse les renseignements susceptibles de faciliter une interruption de grossesse, lorsque, aux mêmes fins, sont organisés ouvertement et même par charter[2] des voyages à l'étranger, alors je dis que nous sommes dans une situation de désordre et d'anarchie qui ne peut plus continuer.

Mais ? me direz-vous, pourquoi avoir laissé la situation se dégrader ainsi et pourquoi la tolérer ? Pourquoi ne pas faire respecter la loi ?

Parce que si des médecins, si des personnels sociaux, si même un certain nombre de citoyens participent à ces actions illégales, c'est bien qu'ils s'y sentent contraints. [...] Parce qu'en face d'une femme décidée à interrompre sa grossesse, ils savent qu'en refusant leur conseil et leur soutien ils la rejettent dans la solitude et l'angoisse d'un acte perpétré dans les pires conditions, qui risque de la laisser mutilée à jamais. [...] Et ces femmes, ce ne sont pas nécessairement les plus immorales ou les plus inconscientes. Elles sont 300 000 chaque année. [...]

C'est à ce désordre qu'il faut mettre fin. C'est cette injustice qu'il convient de faire cesser. »

Déclaration de Simone VEIL,
Ministre de la Santé devant l'Assemblée Nationale,
le 26 novembre 1974.

1. On ne peut punir les femmes qui ont eu recours à l'avortement interdit par la loi.

2. Charter : avion affrété par une organisation de tourisme dans le cadre d'un service non réguler.

Après avoir indiqué la nature du document, vous présenterez les arguments avancés en faveur du projet de loi pour l'Interruption Volontaire de Grossesse (IVG).

Parcours autonome

....

....

....

....

....

....

....

....

....

....

Si j'ai besoin d'aide, je m'appuie sur une des deux propositions suivantes. **➜ AIDE N°** ....

Aide 1

1. Je lis le sujet.
2. J'identifie et je présente la nature du document et son auteur.
3. Je contextualise le thème étudié.
4. Je repère les intentions de l'auteur : je rappelle les oppositions à l'avortement liées au poids du passé catholique de la France et à la composition majoritairement masculine de l'Assemblée nationale.

Aide 2

1. J'identifie la nature du document : je regarde la source. J'explique la fonction de l'auteur.
2. Je contextualise : j'utilise mes connaissances pour présenter le régime politique de la France au moment du document, donner le nom du Président, sa tendance politique.
3. Je repère les intentions de l'auteur : je définis « IVG » et « projet de loi ». Je rappelle les oppositions à l'avortement liées au poids du passé catholique de la France et à la composition majoritairement masculine de l'Assemblée nationale.
4. Je réponds au sujet : je sélectionne des informations qui montrent que l'avortement est illégal, mais pratiqué, et ce, dans des conditions dangereuses.

Je m'évalue

- Très bonne maitrise (OR)
- Maitrise safisfaisante (ARGENT)
- Maitrise fragile (BRONZE)
- Maitrise insuffisante — Je recommence !

Je m'approprie la méthode

Domaines 1 et 2
- Analyser et comprendre un document
- Raisonner, justifier une démarche et les choix effectués

COMPÉTENCE 1

J'analyse un texte : un article de presse

En suivant le code couleurs indiqué, je souligne les éléments sur le document et/ou je les identifie dans la réponse possible.

Repères

L'orientation politique de la presse française

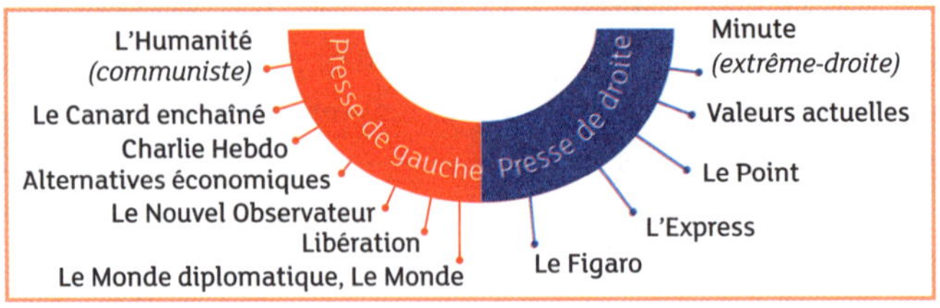

D'après www.integrersciencespo.fr

Thème 2.1 : Indépendances et construction de nouveaux États

Consigne : Montrez que la « mémoire » de la guerre d'Algérie est encore un sujet d'actualité.

DOCUMENT 1

« […] Quant à l'Algérie, elle fut pendant plus d'un siècle considérée, non pas comme une colonie mais comme une fraction du sol national. […] L'ensemble de la classe politique, jusqu'à la fin des années 1950 – y compris la SFIO et le parti radical, ancêtres du parti socialiste actuel, le MRP centriste – considérait les trois départements algériens comme faisant partie intégrante et intouchable du territoire français. N'est-ce pas François Mitterrand, ministre de l'Intérieur de centre-gauche, qui proclamait le 1er décembre 1954 […] : « L'Algérie, c'est la France et la France ne reconnaitra pas chez elle d'autre autorité que la sienne. » Il a fallu la politique du général de Gaulle, d'autodétermination et d'indépendance algérienne, dictée par le sens des réalités et de l'histoire, à partir de 1959, pour rompre avec un tabou absolu qui explique la tragédie et les incompréhensions d'aujourd'hui. »

Maxime TANDONNET, « 19 mars : quand François Mitterrand déclarait " L'Algérie, c'est la France... " », *LeFigaro.fr*, 18 mars 2016.

DOCUMENT 2

« Plusieurs personnalités de droite s'indignent, vendredi 18 mars, du choix de François Hollande de commémorer samedi le 19 mars 1962, date du cessez-le-feu de la guerre d'Algérie entré en vigueur au lendemain de la signature des accords d'Evian. C'est le cas de Nicolas Sarkozy, le président du parti Les Républicains, qui dénonce ce choix dans une tribune publiée dans Le Figaro. […]

D'autres personnalités ont manifesté leur désapprobation vendredi. […] Le député Les Républicains des Alpes-Maritimes Eric Ciotti a […] [affirmé] « C'est, encore une fois, fracturer les Français » […].

Le 19 mars 1962 est la date d'entrée en vigueur du cessez-le-feu au lendemain de la signature des accords d'Evian, qui ont officiellement mis fin à huit ans de guerre.

« Guerre d'Algérie : la droite s'indigne avant la commémoration du 19 mars », *Le Monde.fr* avec AFP, 18 mars 2016.

Les étapes à suivre

1. **J'identifie et je présente les documents : nature, date, titre du journal et éventuellement orientation politique.**
2. **J'identifie le thème (idée principale) des documents :** ……………………………
3. **Je contextualise à l'aide de connaissances :** de quand date l'article du journal ? De quand date le thème traité ? Peut-on expliquer la raison de traiter dans l'actualité d'un fait historique passé ?
4. **Je prélève les informations (dates, chiffres, évènements, idées de chaque paragraphe) pertinentes pour répondre au sujet.**

Réponse possible

Ces deux documents sont des articles de presse, datant du 18 mars 2016. [J'identifie la nature du texte]

Ils sont écrits pour le 54e anniversaire de la signature des accords d'Evian, le lendemain étant le cessez-le-feu des combats, mettant fin à la guerre d'indépendance de l'Algérie. [J'indique le thème et je contextualise]

Le 1er article, d'orientation politique à droite, met en avant l'œuvre du Général De Gaulle, homme politique de droite, qui a mis fin à la guerre. Il critique dans le même temps François Mitterrand, homme politique de gauche, qui soutenait la colonisation algérienne. Le 2nd article, d'orientation politique à gauche, met en avant la volonté du gouvernement socialiste de François Hollande de restaurer ces évènements dans la mémoire collective, ce qui est toutefois vivement contesté à droite. [J'évalue la fiabilité, je prélève des informations]

Je m'exerce et je valide la compétence

COMPÉTENCE 1 **J'analyse un texte** GÉOGRAPHIE

Thème 2.2 : Les territoires ultra-marins français : une problématique spécifique

DOCUMENT Le développement fragile des territoires ultra-marins

« Dans ses différents environnements régionaux, la France d'outre-mer jouit d'une relative prospérité. [...] Mais cette prospérité est largement due aux très importantes aides dont l'outre-mer est destinataire.

[...] Le député Gaël Yanno rappelle notamment la situation de dépendance économique et les difficultés sociales [...] :

Une situation de dépendance économique

[...] Les économies ultra-marines reposent, dans la plupart des collectivités territoriales, sur un nombre réduit de secteurs économiques :

- L'agriculture demeure incontournable [...] et se caractérise par une grande spécialisation des productions ;
- Le tourisme représente une source déterminante d'activités dans les Antilles [...], à la Réunion [...], en Nouvelle-Calédonie et en Polynésie ;
- Enfin, le secteur du bâtiment [...] a profité de la mise en place de dispositifs de défiscalisation. [...]

Des difficultés sociales

[...] Le niveau de vie y demeure globalement inférieur à celui de la métropole : les PIB des [DOM] sont, par exemple, tous inférieurs à 75 % de la moyenne des PIB par habitant de l'Union européenne [...]. Cependant, ce niveau de vie est très [...] supérieur à celui de leur environnement régional. Le niveau du chômage, qui se situe à près de trois fois la moyenne nationale, reste très élevé, à 36 % de la population active [...].

Des financements publics massifs de la métropole et de l'Union européenne

Dans l'Étude sur "L'outre-mer français", est rappelé « le soutien important que les financements publics apportent aux équipements et aux infrastructures [...]. [Les DOM bénéficient de nombreuses aides de l'Etat : Revenu minimum d'insertion pour les populations en difficulté, exonération de charges pour les entreprises dans certains cas, défiscalisation pour les investisseurs... qui permettent leur développement.] »

D'après *www.ladocumentationfrancaise.fr* *29/04/2009.*

Après avoir identifié la nature du document, dressez une liste des handicaps des territoires ultra-marins et des aides dont ils bénéficient.

Parcours autonome

Si j'ai besoin d'aide, je m'appuie sur une des deux propositions suivantes. **➜ AIDE N°** ....

Aide 1

1. Je lis le sujet.
2. J'identifie la nature du texte.
3. J'indique le thème étudié.
4. Je contextualise à l'aide de connaissances.
5. J'évalue la fiabilité du document : je compare mes connaissances aux informations du texte.
6. Je sélectionne des informations.

Aide 2

1. J'identifie la nature du texte : je regarde la source, je me sers de l'indication du terme « dossier ».
2. J'indique le thème en lisant le titre du texte et l'intitulé de la consigne.
3. Je contextualise : je définis « territoire ultra-marin ».
4. J'évalue la fiabilité : je compare mes connaissances aux informations du texte.
5. Je sélectionne des informations : je surligne en vert dans le texte les difficultés rencontrées par les territoires ultramarins et en bleu les différentes aides reçues et leur provenance.

Je m'évalue

- Très bonne maitrise (OR)
- Maitrise safisfaisante (ARGENT)
- Maitrise fragile (BRONZE)
- Maitrise insuffisante — Je recommence !

Je m'approprie la méthode

Domaines 1 et 2
- Analyser et comprendre un document
- Raisonner, justifier une démarche et les choix effectués

COMPÉTENCE 1

J'analyse un texte d'historien

En suivant le code couleurs indiqué, je souligne les éléments sur le document et/ou je les identifie dans la réponse possible.

Thème 1.3 : La Deuxième Gerre mondiale, une guerre d'anéantissement

Consigne : À partir de l'exemple des populations juives et tsiganes européennes, expliquez ce qu'est un génocide.

DOCUMENT

Les massacres et génocides perpétrés pendant la Seconde Guerre mondiale marquent profondément et durablement le monde, les hommes et les sociétés.

Ils sont de plusieurs sortes. Certains relèvent de la violence même de la guerre qui provoque sur des unités décimées, harcelées, perte de contrôle et de sang-froid, et se traduisent par des massacres. Certains autres sont organisés, programmés en quelque sorte, en vertu de la théorie nazie qu'il existe des races inférieures […]. Sur le front de l'Est, les SS d'Himmler mais aussi la Wehrmacht [BARTOV 1999] appliquent l'Ostplan ou plan de l'Est qui prévoit de n'avoir aucune pitié pour les populations « racialement inférieures ».

Les camps de concentration prévus à l'origine pour recevoir des opposants politiques au nazisme reçurent peu à peu des ressortissants des pays occupés, opposants et résistants. Rapidement des tsiganes y furent enfermés. […] Les camps fournissaient la main d'œuvre aux usines installées à proximité : sous-alimentés, maltraités, soumis à des travaux de force, les déportés mouraient par milliers. […]

Le pire fut, sans nul doute, la « solution finale » réservée aux juifs. Hitler en vint à mettre en place la politique d'extermination pendant l'été 1941, c'est-à-dire au moment de l'invasion de l'URSS. […] L'extermination des juifs se fait de plusieurs façons. À l'arrière du front soviétique, ils sont abattus au pistolet ou gazés dans des camions équipés à cet effet. Les juifs internés dans des camps où ils parviennent épuisés sont exterminés dès leur arrivée dans des chambres à gaz : c'est le cas des camps d'extermination comme Birkenau ou Treblinka. D'autres juifs sont enfin parqués et affamés dans les ghettos urbains, celui de Varsovie étant le plus grand et le plus tristement célèbre : son soulèvement s'acheva dans un bain de sang. […]

Ces atrocités, cette politique d'extermination, provoquent un choc moral qui, au-delà de la libération des camps où l'insoutenable apparait enfin aux yeux de tous, marque la seconde moitié du XXe siècle : cela va bien au-delà du bilan que l'on peut dresser de cette guerre.

Jules MAURIN, « La Seconde Guerre mondiale, guerre totale », *Guerres, Paix et Sociétés 1911-1946*, Atlande, 2004.

Les étapes à suivre

1 **J'identifie et je présente le document :** nature, titre, auteur, et date.

2 **J'indique le thème (idée principale) du document :**

……………………………………

3 **Je lis la consigne et je sélectionne les informations** données (dates, chiffres, évènements, idées de chaque paragraphe) qui me permettent de répondre à la question.

Un **historien** est un spécialiste. Il mène un travail scientifique qui montre sa fiabilité : il a recensé les archives, lu de nombreux articles, validé des hypothèses. Il révèle la vérité historique, il n'a pas d'intérêt personnel.

Réponse possible

Ce document est un extrait d'ouvrage de l'historien Jules Maurin, datant de 2004.
Il traite des génocides et massacres de populations pendant la Seconde Guerre mondiale.
Un génocide est la volonté d'un État d'exterminer une minorité ethnique ou religieuse : il est donc programmé et organisé.

[J'identifie la nature du texte et j'indique le thème]

Le document décrit :
– les populations touchées par les massacres et extermination : les nazis maltraitent puis exterminent des juifs et des tsiganes en Europe ;
– les étapes de la mise en place de la « solution finale » par les nazis contre les juifs.
Les populations sont d'abord brimées, envoyées dans des camps de travail où, par les mauvais traitements elles « mouraient par milliers » (l. 13). Puis, à partir de 1941, elles sont abattues par balles ou « gazées dans des camions » (l. 17), « parqué[e]s et affamé[e]s dans les ghettos urbains » (l. 20) comme à Varsovie. Enfin, elles sont amenées dans des camps d'extermination, tuées par millions dans des chambres à gaz, « comme Birkenau ou Treblinka » (l. 19-20).

[J'évalue la fiabilité, je prélève des informations]

Je m'exerce et je valide la compétence

COMPÉTENCE 1 **J'analyse un texte** GÉOGRAPHIE

Thème 1.3 : Les espaces de faible densité et leurs atouts

DOCUMENT Les espaces ruraux français entre répulsion et renouveau

« Il existe des espaces ruraux isolés, marqués par le développement des friches[1] et le recul des surfaces cultivées. En 150 ans, les régions montagneuses ont perdu près de la moitié de leurs habitants. Depuis 1939, leur territoire agricole a diminué du tiers.

Cette marginalité agricole[2] découle de plusieurs facteurs :

– les contraintes physiques (pentes fortes) ayant gêné la mécanisation ;

– l'émiettement des structures agraires[3] (partout en dessous du minimum vital estimé à une vingtaine d'hectares de nos jours) ;

– le vieillissement excessif des agriculteurs qui souvent n'ont pas de successeurs. Les jeunes, notamment les filles, ne veulent plus travailler à la ferme ;

– une faible intégration dans les circuits économiques (enclavement[4], trop rares industries agroalimentaires).

[...] L'emploi agricole a diminué du tiers en Creuse et de plus de la moitié en Corrèze. [...] L'activité touristique peut faire revivre des zones de montagne (Jura, est du Massif Central, Pyrénées, Alpes du Sud) autour de villages développant des activités de tourisme d'hiver et d'été.

[...] Il peut aussi accueillir des activités de loisir et des retraités venus des zones urbaines. »

Vincent ADOUMIÉ,
Géographie de la France, © Hachette, 2011.

1. Friches : terres non cultivées
2. Marginalité agricole : espaces de cultures avec faibles rendements, à l'écart des circuits commerciaux.
3. Émiettement des structures agraires : une multiplication de champs de petites tailles
4. Enclavement : zones isolées avec peu de voies de communications

Après avoir identifié la nature du document, expliquez les atouts et les handicaps des espaces de faible densité.

Parcours autonome

Si j'ai besoin d'aide, je m'appuie sur une des deux propositions suivantes. **→ AIDE N°** ......

Aide 1

1. Je lis le sujet.
2. Je repère et je présente la nature du texte.
3. J'indique le thème étudié.
4. Je sélectionne les informations demandées.

Aide 2

1. Je présente le document et j'identifie sa nature.
2. J'indique le thème étudié : je lis le document et je m'aide de l'intitulé de la consigne.
3. Je sélectionne des informations : je prélève et trie les informations données. Je surligne les atouts des espaces de faible densité en vert et leurs contraintes en bleu.

Je m'évalue

- Très bonne maitrise (OR)
- Maitrise satisfaisante (ARGENT)
- Maitrise fragile (BRONZE)
- Maitrise insuffisante — Je recommence !

Je m'approprie la méthode

Domaines 1 et 2
- Analyser et comprendre un document
- Raisonner, justifier une démarche et les choix effectués

COMPÉTENCE 2

J'analyse un document iconographique : une caricature

En suivant le code couleurs indiqué, je repère les éléments sur le document et/ou je les identifie dans la réponse possible.

Thème 2.2 : Un monde bipolaire au temps de la Guerre froide

Définition

La **caricature** est une représentation humoristique qui exagère volontairement certains traits d'une personne ou d'une situation, et cherche à **transmettre un message**, une idée. Elle porte en général sur l'actualité.

COMPOSITION

- **Couleurs :** dessin en noir et blanc
- **Perspective** donnée par le mur
- **Angle de prise de vue :** plain pied

DOCUMENT La chute du mur de Berlin

PLANTU, *Ich bin ein Berliner*, 11 novembre 1989, caricature parue dans *Le Monde*.

Les étapes à suivre

1. **Je présente le document :** auteur, date, nature, contexte de parution, public visé.
2. **J'analyse la composition de l'image.**
3. **Je détermine des plans ou des ensembles. Je les décris** chaque plan ou ensemble.
   - 1 ....
   - 2 ....
   - 3 ....
   - 4 ....
   - 5 ....
4. **J'explique le sens général de la caricature** (son message), à l'aide de mes connaissances ou d'autres documents.

Réponse possible

Ce document est une caricature en noir et blanc de Plantu. Parue dans le quotidien Le Monde, elle vise un public large. Elle est publiée le 11 novembre 1989, au lendemain de la chute du mur de Berlin. Depuis 1947, Berlin est le point de friction majeur entre les USA et l'URSS pendant la Guerre froide. Cette tension est matérialisée par un mur, construit en 1961 et coupant la ville en deux. **[Je présente]**

On distingue un mur détruit qui s'étend à l'horizon. Au milieu de l'image, un homme avec un bulldozer détruit le mur et dit : « Ich bin ein Berliner ». Derrière lui, une foule armée de banderoles chante. Un mirador avec deux soldats soviétiques (reconnaissables à leurs chapkas avec une étoile, symbole soviétique) qui observent. Enfin, à l'arrière-plan, on aperçoit le soleil qui sort d'un nuage. **[Je décris]**

Sur cette caricature, Plantu célèbre la chute du mur de Berlin en 1989. Il utilise une référence historique pertinente : il évoque le discours de Kennedy de 1963 « Ich bin in Berliner » qui critiquait la construction du mur.
Cette caricature a également une portée symbolique. Elle célèbre en même temps, la fin de la Guerre froide et de l'emprise soviétique (les deux soldats soviétiques symbolisent la passivité de l'URSS et la volonté d'ouverture du régime de Gorbatchev) et la réunification et le renouveau de l'Allemagne (le soleil qui se lève). **[J'explique et j'interprète]**

Je m'exerce et je valide la compétence

COMPÉTENCE 2 **J'analyse un document iconographique**

HISTOIRE

Thème 3.1 : 1944-1947 : refonder la République, redéfinir la démocratie

DOCUMENT La libération de Paris

Caricature de Jean EFFEL (1908-1982) parue dans *France Soir* le 30 décembre 1944.

22 juin 1940 ▸ armistice signé entre la France et l'Allemagne. Nord et Ouest de la France occupés. Au Sud, gouvernement de Vichy.

6 juin 1944 ▸ débarquement des Alliés en Normandie.

19 août 1944 ▸ les habitants de Paris et la Résistance se soulèvent contre l'occupant allemand.

24-25 août 1944 ▸ libération de Paris par le Maréchal Leclerc à la tête de la 2e Division blindée. Capitulation des Allemands.

26 août 1944 ▸ le général De Gaulle défile sur les Champs Élysées. Il dirige le GPRF (Gouvernement Provisoire de la République française).

Parcours autonome

Après avoir présenté le document, montrez qu'il symbolise la Libération de la France.

....

....

....

....

....

....

....

....

....

....

....

....

....

....

Si j'ai besoin d'aide, je m'appuie sur une des deux propositions suivantes. **→ AIDE N°** ....

Aide 1

1. Je présente le document.
2. J'analyse la composition.
3. Je détermine des plans ou des ensembles et je les décris.
4. J'explique ce qu'ils représentent.
5. J'interprète : je montre la portée symbolique.

Aide 2

1. Je présente le document : j'indique la nature du document et le contexte de parution.
2. J'analyse la composition : comment est rendue la perspective ? par les bâtiments ? par les personnages ?
3. Je détermine des plans : je les entoure, je les décris en identifiant les personnages, la ville, les monuments... Je souligne dates et textes.
4. J'explique : où se situe l'action représentée ? Que signifie la date indiquée ? Que montre ce dessin sur la situation de la France en 1944 ? Je me sers de mon cours sur la France de Vichy.
5. J'interprète : le message de l'auteur sur la Libération de la France est-il positif ? négatif ? Je justifie ma réponse à l'aide du document : je repère des symboles de la République, le personnage représentant le nouveau gouvernement français, etc.

Je m'évalue

- Très bonne maitrise (OR)
- Maitrise satisfaisante (ARGENT)
- Maitrise fragile (BRONZE)
- Maitrise insuffisante — Je recommence !

Domaines 1 et 2
- Analyser et comprendre un document
- Raisonner, justifier une démarche et les choix effectués

COMPÉTENCE 2

J'analyse un document iconographique : une affiche de propagande

En suivant le code couleurs indiqué, je repère les éléments sur le document et/ou je les identifie dans la réponse possible.

Thème 1.1 : Civils et militaires dans la Première Guerre mondiale

Définition

Une affiche de propagande a pour objectif de **faire admettre une idée, une opinion**. Elle **exagère ou transforme la réalité** pour emporter l'adhésion quitte à cacher des aspects ou à mentir.

ENSEMBLES

COMPOSITION
- **Couleurs diverses :** gris, vert, noir...
- **Angle de prise de vue :** plain pied

DOCUMENT

Abel FAIVRE, *Versez votre or*, 1915.

Les étapes à suivre

1. **Je présente le document** : auteur, date, nature, public visé.
2. **J'analyse la composition de l'image.**
3. **Je détermine des ensembles.** Je les **décris**.
   1 ....
   2 ....
   3 ....
4. **J'explique le sens général de l'affiche** (son message, le contexte, l'évènement représenté) à l'aide de mes connaissances.
5. **J'exerce mon esprit critique :** comment cette image déforme-t-elle la réalité ?

Une pièce de 20 francs en or de 1905

Pendant la Première Guerre mondiale, les Français avaient tendance à économiser leur argent en conservant chez eux des pièces en or car ils faisaient peu confiance aux banques.

Réponse possible

Ce document est une affiche de propagande réalisée par Abel Faivre (1867-1945) et commandée par l'État français et les banques. Elle date du début de la Première Guerre mondiale et s'adresse au peuple français. **[Je présente]**

Sur cette affiche, on peut repérer trois ensembles : des slogans en haut et en bas : « L'Or combat pour la Victoire » et « Pour la France, versez votre or » ; un groupe central : une pièce de monnaie en or avec un coq attaquant un soldat allemand reconnaissable à son casque à pointe, effrayé et dominé ; sur la pièce, la devise de la France : « Liberté Egalité Fraternité ». **[Je décris]**

On peut distinguer trois types d'arguments pour convaincre les Français de donner leur épargne à l'État :
– les slogans, la monnaie rappellent que l'État a besoin de mobiliser de l'argent pour financer la guerre. Il demande donc aux Français, adeptes de la thésaurisation (économiser), de donner leurs pièces en or qui leur seront remboursées avec des intérêts ;
– des stéréotypes sont représentés (le soldat allemand avec son casque à pointe, le coq français) pour toucher le public et montrer les antagonismes entre France et Allemagne ;
– on fait appel au patriotisme (avec la devise française, la Victoire), au sentiment national français (la Nation). **[J'explique]**

Ce document n'est pas neutre. Avec cette affiche, l'État utilise la propagande en déformant la réalité pour convaincre les populations d'adhérer à ses idées et de donner son argent, ses pièces d'or, afin d'acheter armes, nourriture et matériel nécessaires à la guerre. **[J'exerce mon esprit critique]**

Je m'exerce et je valide la compétence

COMPÉTENCE 2 — J'analyse un document iconographique

HISTOIRE — Thème 2.1 : Indépendances et construction de nouveaux États

DOCUMENT Affiche du parti communiste français, 1930

Parti communiste français ▸ parti politique créé en 1920 après une scission avec la SFIO. Parti de gauche, sous influence de l'URSS, opposé à la colonisation.

Empire colonial français ▸ depuis le XIXe siècle, vaste territoire colonisé par la France en Afrique, Asie, Amérique jusqu'aux années 1950-1960.

1830 ▸ colonisation de l'Algérie par la France.

Parcours autonome

Après avoir présenté le document, indiquez les arguments utilisés contre le système colonial.

....

Si j'ai besoin d'aide, je m'appuie sur une des deux propositions suivantes. ➜ **AIDE N°** ....

Aide 1

1. Je présente le document.
2. J'analyse la composition de l'image.
3. Je détermine des plans ou des ensembles et je les décris.
4. J'explique le sens général de l'affiche.
5. J'exerce mon esprit critique : comment l'affiche exagère-t-elle certains aspects de la colonisation ?

Aide 2

1. Je présente le document : j'indique la nature du document : une affiche de propagande ? une affiche publicitaire ? Je dis qui est le commanditaire (celui qui a commandé l'affiche). Je présente l'idée générale (le sujet de l'affiche).
2. J'analyse la composition : je repère deux couleurs qui s'opposent.
3. Je détermine des plans et je les décris : je repère 4 ensembles que j'entoure, et des slogans que je souligne.
4. J'explique le sens général de l'affiche : le slogan « 100 ans de domination française », les marchandises, le personnage, les villes… grâce à mon cours sur la colonisation/décolonisation.
5. J'exerce mon esprit critique : je cherche le message de l'affiche. Comment l'affiche exagère-t-elle certains aspects de la colonisation pour la dénoncer ?

Je m'évalue

- Très bonne maitrise (OR)
- Maitrise satisfaisante (ARGENT)
- Maitrise fragile (BRONZE)
- Maitrise insuffisante — Je recommence !

Domaines 1 et 2
- Analyser et comprendre un document
- Raisonner, justifier une démarche et les choix effectués

COMPÉTENCE 2

J'analyse un document iconographique : une peinture

En suivant le code couleurs indiqué, je repère les éléments sur le document et/ou je les identifie dans la réponse possible.

Thème 2.2 : Un monde bipolaire au temps de la Guerre froide

DOCUMENT

PLANS OU ENSEMBLES

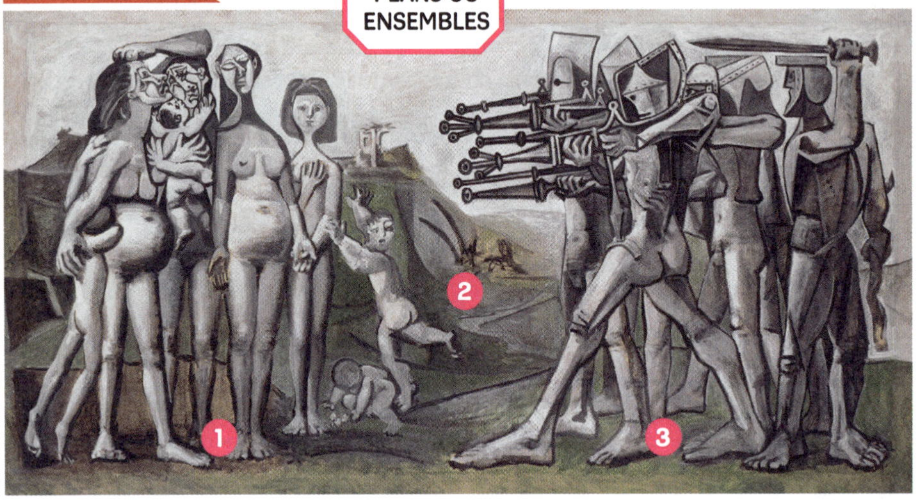

Pablo PICASSO, *Massacre en Corée*, peinture à l'huile, 110 x 120 cm, 1952, Musée Picasso, Paris.

COMPOSITION
- **Couleurs :** gris et noir dominants, verts, jaunes, blanc. Personnages de droite plus sombres que ceux de gauche.
- **Angle de prise de vue :** plain pied
- **Géométrie de l'œuvre :** perspective donnée notamment par le fleuve représenté entre les deux groupes de personnages.

Le style cubiste ou expressionniste : personnages déformés (cubisme) pour exprimer une émotion (expressionnisme).

Les étapes à suivre

1 **Je présente l'œuvre :** auteur, titre, date, nature, lieu de conservation.

2 **J'analyse la composition de l'image.**

3 **Je reconnais un style de peinture.** ....

4 **Je détermine des plans ou des ensembles et je les décris.**
1 ....
2 ....
3 ....

4 **J'explique grâce à des connaissances.** Quelle est la source d'inspiration de l'auteur : un évènement ? Une période de l'histoire ? Un lieu ? Quel contexte ?

5 **J'interprète le tableau. Je le relie à une grande notion historique.**

Réponse possible

Ce tableau est une peinture à l'huile, intitulée Massacre en Corée et qui date de 1952. L'auteur est Pablo Picasso (1881-1973). Peintre, sculpteur, graveur et céramiste espagnol, Picasso est venu vivre en France au début du XXe siècle. Il a peint des centaines d'œuvres dans différents styles, dont le cubisme. **[Je présente]**

On observe au premier plan deux groupes de personnages. Sur la gauche, des femmes avec leurs enfants, nus, effrayés. Les personnages présentent des lignes courbes et semblent doux. Sur la droite, des soldats représentés comme des robots, des hommes de métal, déshumanisés, menacent le premier groupe avec leurs armes. Leurs traits sont plus rectilignes. Au centre puis en arrière-plan un fleuve marque une séparation entre les deux groupes ; on aperçoit aussi un paysage désolé, en ruine. **[Je décris]**

Le titre de l'œuvre et la date de réalisation évoquent la Guerre de Corée (1950-1953) qui oppose la Corée du Sud, soutenue par une alliance envoyée par l'ONU (États-Unis, France, Royaume-Uni, etc.) à la Corée du Nord communiste (soutenue par l'URSS puis la Chine) qui tente de l'envahir. Ces deux États sont séparés depuis 1945 par une frontière fixée au 38e parallèle (probablement le fleuve représenté sur le tableau). Les soldats et les civils sur le tableau rappellent les nombreux morts dans ce conflit. **[J'explique le contexte, les évènements]**

Par ce tableau, Picasso dénonce les massacres liés à cette guerre et promeut le pacifisme, notion signifiant l'opposition à toute guerre. **[Je relie à une grande notion historique]**

Je m'exerce et je valide la compétence

COMPÉTENCE 2 **J'analyse un document iconographique** HISTOIRE

Thème 1.1 : Civils et militaires dans la Première Guerre mondiale

DOCUMENT Des sociétés d'après-guerre traumatisées

Otto DIX, *Les Joueurs de Skat*, huile et collage sur toile, (110 x 87 cm), 1920, musée Neue Nationalgalerie, Berlin.

En 1914-1918, **Otto Dix**, peintre allemand, participe à la Première Guerre mondiale.

Dans les années 1920, il peint des séries de tableaux ayant pour thème la guerre et l'après-guerre.

La scène de ce tableau se situe dans un café à Dresde en Allemagne. Des « gueules cassées » font une partie de skat, un jeu de cartes.

Parcours autonome

Après avoir présenté le document, montrez qu'il dénonce la brutalisation des sociétés au lendemain de la Première Guerre mondiale.

....

....

....

....

....

....

....

....

....

....

....

....

....

....

....

....

....

....

....

....

....

....

....

Si j'ai besoin d'aide, je m'appuie sur une des deux propositions suivantes. **➜ AIDE N°** ....

Aide 1

1. Je présente l'œuvre.
2. J'analyse la composition de l'image.
3. Je détermine des plans ou des ensembles et je les décris.
4. J'explique grâce à mes connaissances.
5. J'interprète le tableau : j'explique la vision qu'a l'artiste de la guerre et de ses conséquences.
6. Je le relie à une grande notion historique.

Aide 2

1. Je présente l'œuvre : auteur, titre, date, nature.
2. J'analyse la composition : quel est l'angle de prise de vue ? Quelles couleurs sont utilisées (vives, sombres) ? Existe-t-il une perspective ou est-ce désordonné ?
3. Je détermine des ensembles : je repère des groupes (des soldats autour d'une table ; l'arrière-plan avec des journaux…). Je les décris.
4. J'explique : je revois mon cours sur la Première Guerre mondiale et ses conséquences. Je définis le terme « gueules cassées ».
5. J'interprète : j'explique le message de l'artiste, sa vision de la guerre et de ses conséquences. Je justifie ma réponse en m'appuyant sur l'œuvre.
6. Je relie le tableau à la notion de brutalisation des sociétés.

Je m'évalue

Très bonne maitrise (OR)

Maitrise safisfaisante (ARGENT)

Maitrise fragile (BRONZE)

Maitrise insuffisante — Je recommence !

Domaines 1 et 2
- Raisonner, justifier une démarche et les choix effectués
- Analyser et comprendre un document
- Se repérer dans l'espace : construire des repères géographiques

COMPÉTENCE 2

J'analyse un document iconographique : un paysage

En suivant le code couleurs indiqué, je repère les éléments sur le document et/ou je les identifie dans la réponse possible.

Thème 1.2 : Les espaces productifs et leurs évolutions

Question : Quels sont les caractéristiques et les aménagements d'un pôle touristique majeur : le Mont Saint-Michel ?

DOCUMENT 1 La nouvelle passerelle reliant le Mont Saint-Michel à la terre inaugurée en 2014

ANGLE DE PRISE DE VUE
Plain pied

PLANS OU ENSEMBLES

LOCALISATION

Les étapes à suivre

1. **J'essaie de déterminer de quel type de paysage il s'agit** (urbain, rural, touristique, etc.), puis je confronte mon hypothèse au document pour la valider.
2. **Je localise le paysage** sur la carte de France.
3. **Je détermine des plans ou des ensembles et je les décris.**
   1. ....
   2. ....
   3. ....
4. **Je relève des éléments** dans le document 2 pour répondre à la problématique.

DOCUMENT 2 Mont Saint-Michel : la fin de 10 ans de travaux

Le Mont Saint-Michel[1], inscrit au Patrimoine mondial de l'Unesco depuis 1979, est désormais accessible uniquement par le nouveau pont passerelle [...].
C'est en 2005 que les travaux ont débuté [...]. Puis quelques années plus tard, ils se sont poursuivis par le remplacement de la digue-route[2] par un pont passerelle qui permet de rejoindre le Mont à pied ou en navettes. [...] « On a repensé le Mont, repensé l'accès et remis l'eau autour car depuis une centaine d'années l'ensablement du Mont était permanent et le conduisait à être rattaché au continent ce qui lui aurait fait perdre son caractère unique au monde », explique à RTL Patrick Morel, le chef des travaux.
Le Mont Saint-Michel [...] accueille chaque année plus de 3 millions de visiteurs.

Frédéric Veille, journaliste sur RTL, 30/10/2015.

1. Le Mont Saint-Michel est une ile une partie de la journée (à marée haute) et se rattache à la terre à marée basse.
2. Digue-route : une digue, un mur qui ne permettait pas à l'eau de circuler autour du Mont.

Réponse possible

Le Mont Saint-Michel est un ilot rocheux qui se trouve dans la baie à la limite de la Normandie et de la Bretagne, bordés par la Manche. **[Je localise]**

Sur la partie gauche de la photographie au premier plan, on voit la montée des eaux. A l'arrière-plan se trouve le Mont avec son église au sommet. A cette heure de la journée, c'est une île. Sur la droite de l'image se dresse un pont passerelle sur pilotis. **[Je décris]**

Le Mont Saint-Michel est un site touristique unique au monde « inscrit au Patrimoine mondial de l'Unesco depuis 1979 » : il attire 3 millions de personnes par an. Cette attraction s'explique par le fait que c'est une île une partie de la journée grâce aux marées. Son accès a été réaménagé ces dernières années, car le Mont subissait un ensablement qui risquait de le rattacher en permanence à la terre. Des travaux ont permis de rétablir la circulation de l'eau en remplaçant l'ancienne digue par un pont passerelle et de mieux organiser le flux des touristes (navettes). **[J'explique, je réponds à la problématique]**

Je m'exerce et je valide la compétence

COMPÉTENCE 2 — J'analyse un document iconographique

GÉOGRAPHIE — **Thème 2 : Pourquoi et comment aménager le territoire ?**

DOCUMENT 1 Disneyland Paris

DOCUMENT 2 Plan simplifié

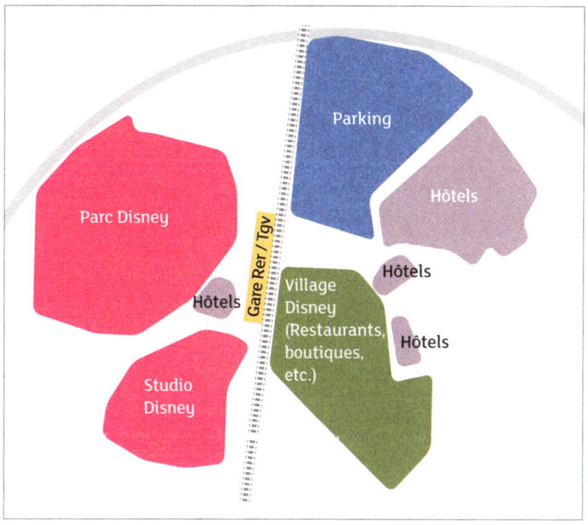

Localisation ▸ Marne-la-Vallée (30 km à l'Est de Paris).

Premier pôle touristique de France ▸ À l'origine, cet espace était constitué de champs. Aujourd'hui, il accueille 15 millions de visiteurs par an. Site relié à de nombreuses connexions mises en place par l'État dans les années 1990 : ligne TGV, RER, autoroutes.

À l'aide des deux documents, indiquez en quoi le paysage est représentatif d'un espace touristique très aménagé. Parcours autonome

....

....

....

....

....

....

....

....

....

....

Si j'ai besoin d'aide, je m'appuie sur une des deux propositions suivantes. **➜ AIDE N° ....**

Aide 1

1. Je localise le paysage représenté. J'indique l'angle de prise de vue.
2. J'identifie le type de paysage.
3. Je détermine des plans ou des ensembles. Je les nomme et les décris à l'aide du document 2.
4. J'explique le paysage à l'aide de mes connaissances et du document 2.

Aide 2

1. Je dis où cette photo a été prise et d'où elle a été prise.
2. J'identifie le paysage : je me demande si l'activité principale est touristique, industrielle ou agricole.
3. Je détermine des ensembles : je les entoure sur l'image. Je les décris et nomme à l'aide du doc. 2 (parc d'attractions, village, voies de communications, hôtels…).
4. J'explique le paysage à l'aide de mes connaissances et du doc. 2 : de quoi cet espace était-il constitué il y a une vingtaine d'années ? Quels aménagements ont été faits depuis ? Dans quel objectif ?

Je m'évalue

- Très bonne maitrise (OR)
- Maitrise safisfaisante (ARGENT)
- Maitrise fragile (BRONZE)
- Maitrise insuffisante — Je recommence !

Domaines 1 et 2
- Raisonner, justifier une démarche et les choix effectués
- Analyser et comprendre un document
- Se repérer dans l'espace : construire des repères géographiqu

COMPÉTENCE 3

J'analyse un graphique

Repères

Les différents types de graphiques

GRAPHIQUE LINÉAIRE OU COURBE	GRAPHIQUE EN BARRES OU HISTOGRAMME	GRAPHIQUE CIRCULAIRE
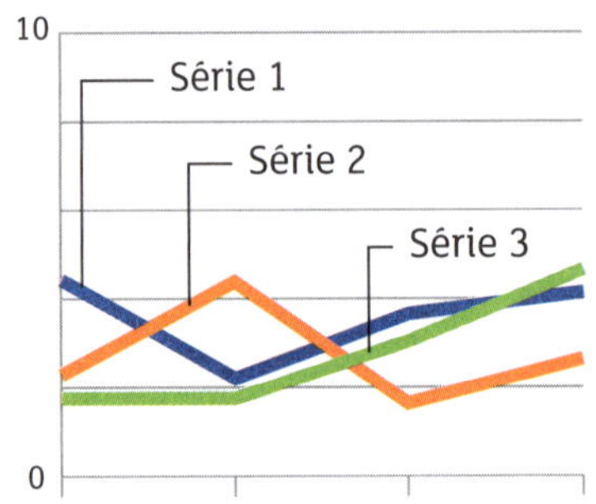	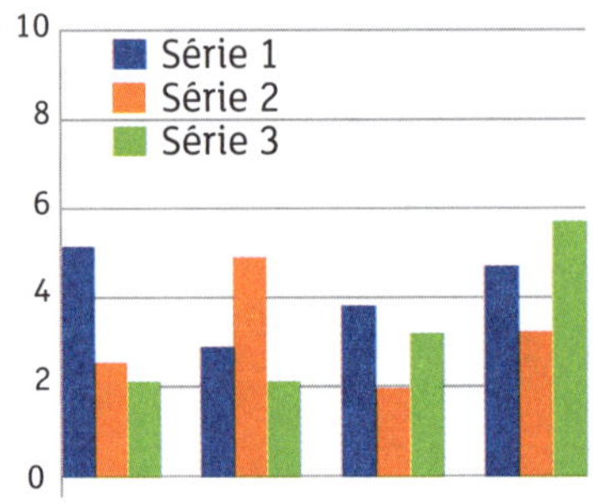	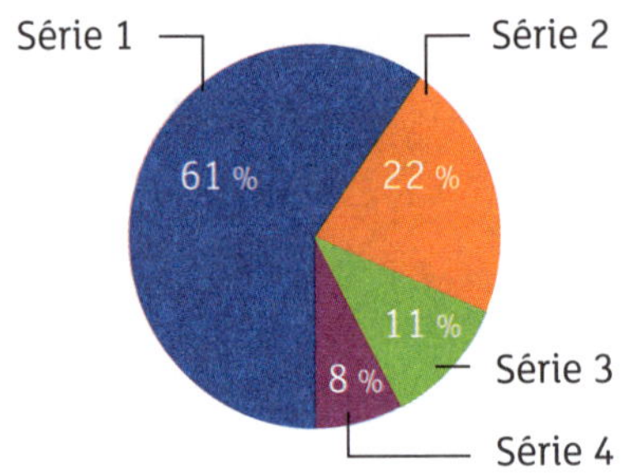
▶ analyser une évolution dans le temps	▶ comparer des données ▶ analyser une évolution	▶ analyser une répartition (en %) ▶ comparer des données

L'évolution des graphiques

- Pour les courbes ou histogrammes, il existe **trois types d'évolution possibles** :

AUGMENTATION	DIMINUTION	STAGNATION
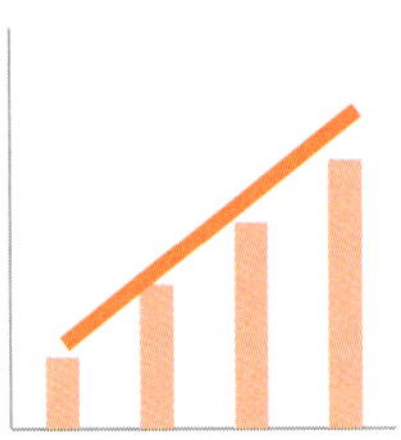	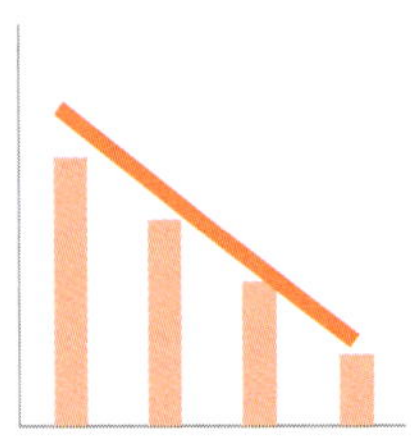	

- On peut aussi être plus précis et **caractériser l'évolution** :

Ici, l'augmentation est LENTE, IRRÉGULIÈRE.

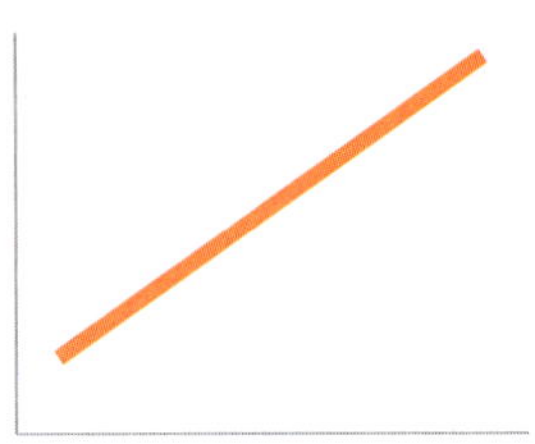

Ici, l'augmentation est RAPIDE, LINÉAIRE (comme un trait de règle).

Je complète en suivant le code couleurs indiqué. Je souligne ensuite les éléments dans la réponse possible.

Thème 1.2 : Démocraties fragilisées et expériences totalitaires dans l'Europe de l'entre-deux-guerres : le nazisme

DOCUMENT Résultats des élections en Allemagne pour les partis extrémistes de gauche et de droite dans le contexte de crise économique

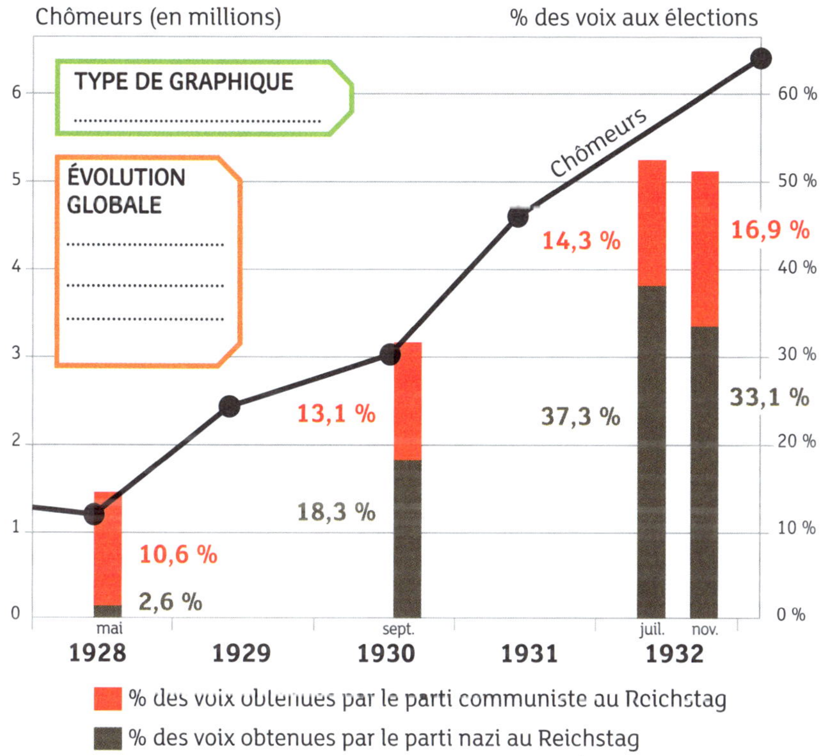

Les étapes à suivre

1. **J'identifie le type de graphique.**
2. **J'explique les données indiquées** :
   - Abscisse : ....
   - Ordonnée gauche : ....
   - Ordonnée droite : ....
   - Barre marron : ....
   - Barre rouge : ....
3. **Je note l'évolution globale.**
4. **Je prélève des informations et je fais des calculs pour illustrer l'importance d'une augmentation/diminution. Je donne du sens aux chiffres.**
5. **J'interprète le graphique :** je dégage son intérêt en indiquant ce qu'il apprend sur le thème étudié.

INFORMATIONS

► En 1928, 13 % des votes extrémistes ; en 1930 : 31 % ; en 1932 : 50 %.
► + 20 % de votes extrémistes entre chaque date.

Réponse possible

Ce document est un graphique multiple présentant les résultats de vote lors des élections en Allemagne aux dates proches du krach boursier de Wall Street (1929). Le diagramme en bâtons compare le pourcentage de votes entre mai 1928 et novembre 1932, entre les 2 extrémismes : le nazisme et le communisme. La courbe montre l'évolution du nombre de chômeurs en millions de mai 1928 à novembre 1932. **[Je présente]**

On constate une augmentation du nombre de votes extrémistes, passant de 13 % en 1928, à 50 % 1932. On constate une augmentation du nombre de chômeurs, passant de 1,2 millions en 1938 à 6.6 millions en 1932 (soit 6 fois plus en 4 ans). **[J'indique l'évolution globale]**

L'augmentation du nombre de votes extrêmes se fait de manière progressive et linéaire (13 % en 1928, 30 % en 1930 et 50 % en 1932). Toutefois, on peut noter que les votes pour le parti communiste augmentent de 10 % à 17 % (presque multipliés par deux), mais moins rapidement que ceux du NSDAP, qui passent de 2 % à 33 % (multiplication par 17). On remarque que le nombre de chômeurs augmente de manière linéaire et rapide. **[Je prélève des informations]**

Les deux graphiques semblent donc liés : le chômage augmente de manière spectaculaire, ce qui est générateur de mécontentement et s'exprime par des votes extrémistes, notamment pour le parti d'extrême-droite dirigé par Hitler. **[J'interprète]**

Je m'exerce et je valide la compétence

COMPÉTENCE 3 — **J'analyse un graphique** — GÉOGRAPHIE

Thème 1.1 : Les aires urbaines, une nouvelle géographie de la France mondialisées

DOCUMENT Croissance de population en % au sein des aires urbaines en France

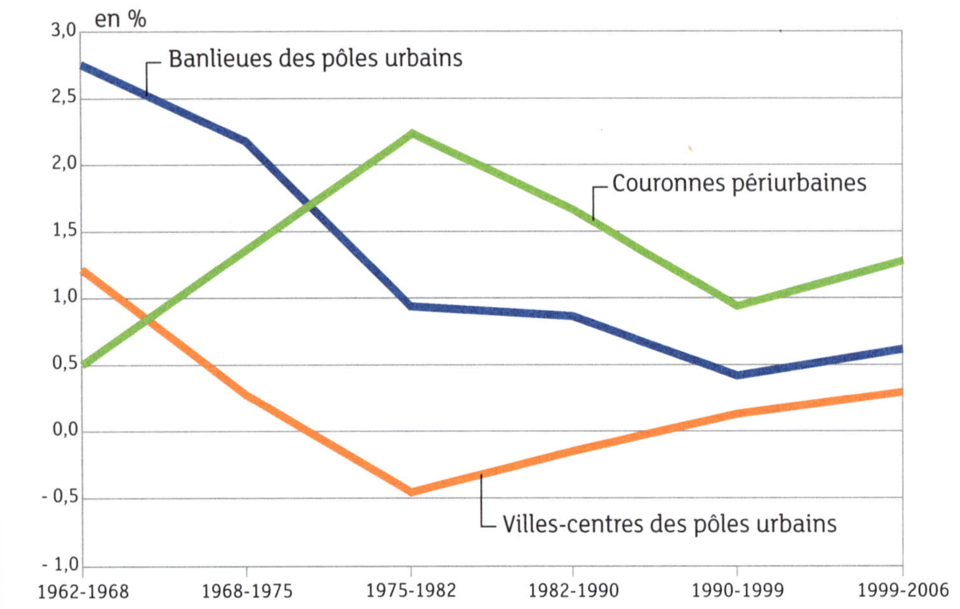

Source : INSEE, recensements de la population.

Aire urbaine ▸ ensemble de communes d'un seul tenant et sans enclave, constitué par :

- un **pôle urbain** : unité urbaine offrant au moins 10 000 emplois et qui n'est pas située dans la couronne d'un autre pôle urbain ;
- une **couronne** périurbaine, composée de communes rurales et/ou d'unités urbaines dont au moins 40 % des actifs résidents travaillent dans le reste de l'aire urbaine.

Présentez le document. Décrivez et expliquez en quoi les espaces périurbains sont en expansion plus rapide que les banlieues et villes-centres en France.

Parcours autonome

....

....

....

....

....

....

....

....

....

....

Si j'ai besoin d'aide, je m'appuie sur une des deux propositions suivantes. **➜ AIDE N°** ....

Aide 1

1. J'identifie le type de graphique.
2. Je repère les unités de l'ordonnée et de l'abscisse.
3. Je note l'évolution globale.
4. Je prélève des informations.
5. J'interprète le graphique.

Aide 2

1. J'identifie le type de graphique : en barres, circulaire ou courbe.
2. Je repère les unités : j'indique ce qui est analysé (le titre, les unités de la verticale et de l'horizontale).
3. Je note l'évolution globale : je compare la valeur de début et de fin, et je dis si c'est une augmentation, une diminution ou une stagnation.
4. Je prélève des informations : je détermine le rythme de l'évolution, s'il y a des ruptures, des continuités. Je fais des calculs pour illustrer ces variations.
5. J'interprète : j'utilise mes connaissances pour présenter l'évolution des composantes de l'aire urbaine : ville centre, banlieue et couronne périurbaine.

Je m'évalue

- **Très bonne maitrise** — OR
- **Maitrise safisfaisante** — ARGENT
- **Maitrise fragile** — BRONZE
- **Maitrise insuffisante** — Je recommen[ce]

Domaines 1 et 2
- Raisonner, justifier une démarche et les choix effectués
- Analyser et comprendre un document
- Se repérer dans l'espace : construire des repères géographiques

COMPÉTENCE 3

J'analyse un graphique

GÉOGRAPHIE

Thème 3.2 : La France et l'Europe dans le monde

DOCUMENT Évolution des exportations des principaux pays exportateurs mondiaux

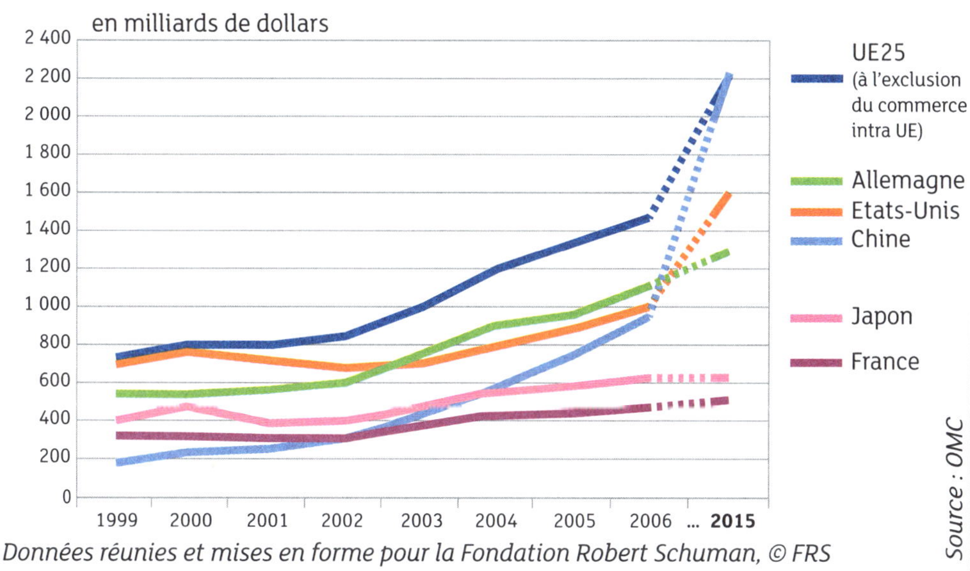

Données réunies et mises en forme pour la Fondation Robert Schuman, © FRS

Exportation ▸ vente à l'étranger de biens et de services. Les exportations doivent être supérieures aux importations (achat de biens et de services) pour qu'un pays s'enrichisse.

La Triade ▸ les 3 pôles qui dominent l'économie mondiale : Amérique du Nord, Union européenne, Asie de l'Est.

Après avoir présenté le document, comparez, classez, hierarchisez les régions du monde selon leur poids dans les exportations mondiales.

Parcours autonome

....

....

....

....

....

....

....

....

....

....

....

Si j'ai besoin d'aide, je m'appuie sur une des deux propositions suivantes. **➜ AIDE N°** ....

Aide 1

1. J'identifie le type de graphique.
2. Je repère les unités de l'ordonnée et de l'abscisse.
3. Je note l'évolution globale.
4. Je prélève des informations.
5. J'interprète le graphique.

Aide 2

1. J'identifie le type de graphique : en barres, circulaire ou courbe.
2. Je repère les unités : j'indique ce qui est analysé : le titre, les unités de la verticale et de l'horizontale.
3. Je note l'évolution globale : je compare la valeur de début et de fin, et je dis si c'est une augmentation, une diminution ou une stagnation.
4. Je prélève des informations : je détermine le rythme de l'évolution, s'il y a des ruptures, des continuités. Je fais des calculs pour illustrer ces variations.
5. J'interprète : je regroupe et hiérarchise les pays selon leur appartenance aux pôles de la Triade. Je souligne l'importance de la France et de l'Allemagne pour l'UE. Je présente lequel de ces pôles est le plus important dans les exportations.

Je m'évalue

- Très bonne maitrise (OR)
- Maitrise satisfaisante (ARGENT)
- Maitrise fragile (BRONZE)
- Maitrise insuffisante — Je recommence !

Je m'approprie la méthode

Domaines 1, 2 et 4
- Se repérer dans l'espace : construire des repères géographiques
- Analyser et comprendre un document

COMPÉTENCE 4

J'analyse une carte

Repères

Les différents types de cartes

CARTE THÉMATIQUE

Elle montre un phénomène géographique, une évolution. Souvent utilisée dans les manuels.

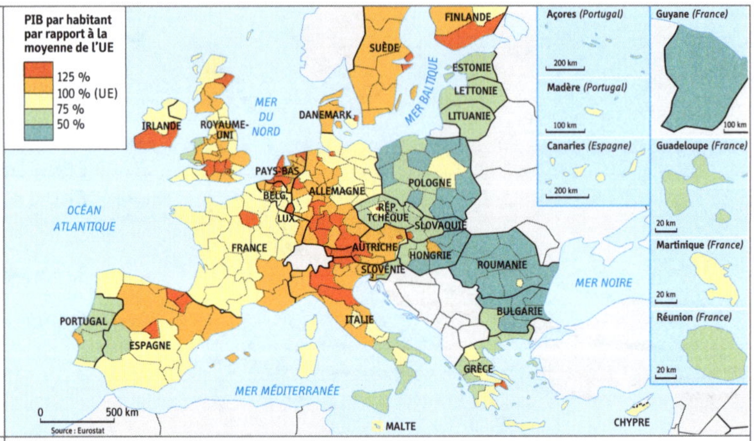

CARTE TOPOGRAPHIQUE

Elle localise de manière très précise les aménagements. Provient essentiellement de l'IGN (Institut national de l'information géographique et forestière).

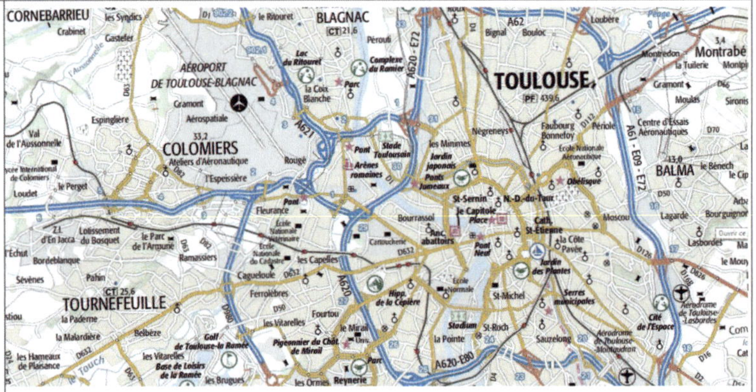

CARTE PAR ANAMORPHOSE

Le territoire représenté est « déformé » car il est représenté de manière proportionnelle au phénomène montré.

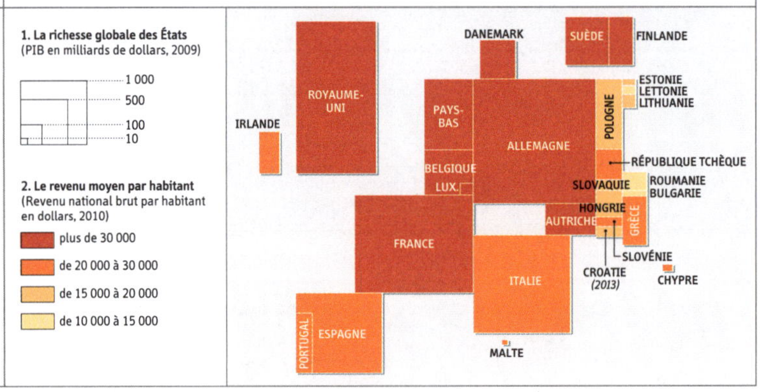

Les différents types de figurés

FIGURÉS DE SURFACE	FIGURÉS LINÉAIRES	FIGURÉS PONCTUELS
 Couleurs chaudes : espaces dynamiques Couleurs froides : espaces en difficulté Hachures en superposition sur du coloriage	 Plusieurs tailles pour hiérarchiser l'importance Une double flèche pour indiquer les connexions	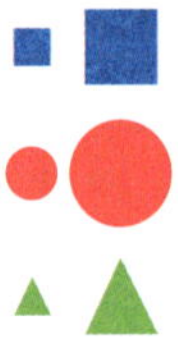 Plusieurs tailles pour hiérarchiser selon l'importance
► Mettre des zones en valeur	► Montrer des liaisons, des connexions entre différents espaces, des flux (déplacements)	► Montrer des endroits précis : villes, ports

En suivant le code couleurs indiqué, je repère les éléments sur le document et/ou je les identifie dans la réponse possible.

Thème 3.1 : L'Union européenne, un nouveau territoire de référence et d'appartenance

Consigne : En vous appuyant sur la carte ci-dessous, justifiez l'affirmation : « Les pays membres de l'Union européenne se caractérisent par des contrastes économiques importants, héritages de la Guerre Froide. »

DOCUMENT L'Union européenne, des écarts de richesses (2014)

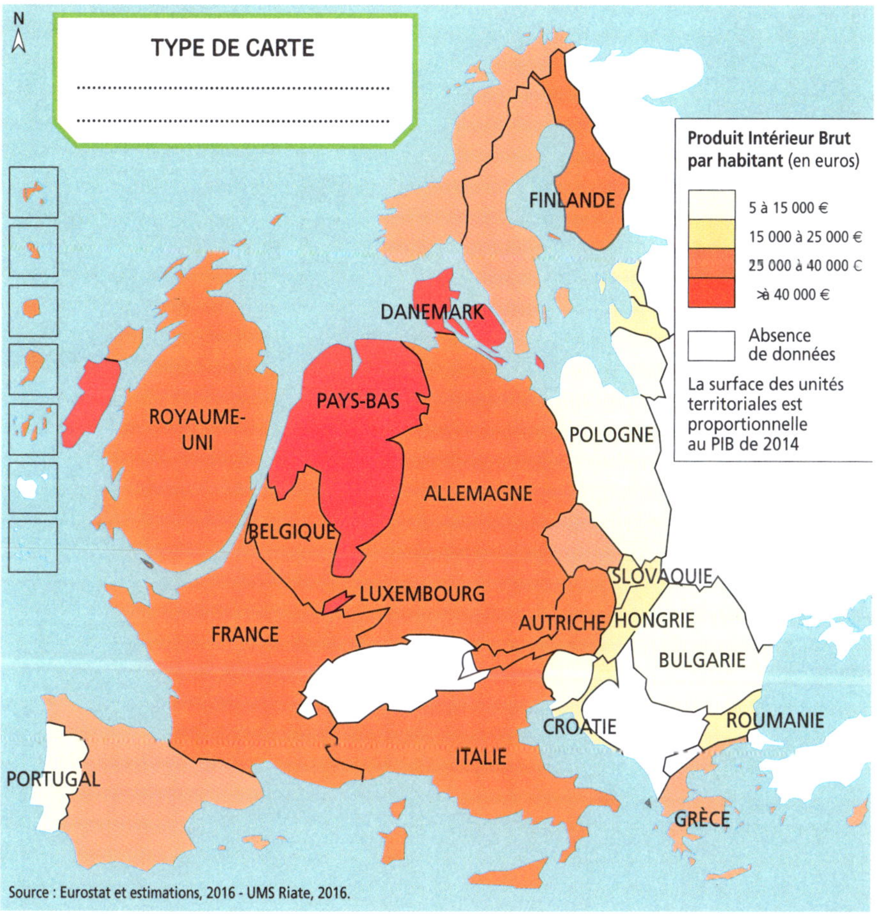

LÉGENDE

- utilisant des figurés de surface
- L'intensité des couleurs indique un classement du PIB du plus bas au plus élevé.

Les étapes à suivre

1. **Je présente la carte :** le **type carte**, le **sujet**, l'**espace cartographié** (planisphère, continent, ville, etc.), la **date** ou la **période représentée**.
2. **Je lis la légende :** à quoi correspondent les figurés ? Comment est-elle organisée ? Propose-t-elle une hiérarchisation ?
3. **Je prélève des informations :** je repère chaque figuré sur la carte et **je décris.** Certains figurés sont-ils concentrés en certains espaces ? Se chevauchent-ils ? Sont-ils reliés entre eux ?
4. **J'analyse la carte :** je décris les informations données par la carte de façon ordonnée pour répondre à la question.

INFORMATIONS

- PIB/hab les plus élevés : Irlande, Luxembourg, Danemark ;
- en 2e position : France, Belgique, Italie, Allemagne, Autriche, Finlande.
- PIB/hab les plus faibles : pays baltes, Pologne, Hongrie, République Tchèque, Slovaquie, Bulgarie, Roumanie, Slovénie, Croatie et Portugal.

Réponse possible

La carte par anamorphose amplifie par la distorsion les écarts de richesses entre les 28 pays de l'Union européenne en 2014. Ces écarts sont ici mesurés par le PIB/hab qui permet de comparer le niveau d'activité économique par année. **[Je présente]**

On constate que l'Europe du Nord et la plupart des pays d'Europe de l'Ouest (à l'exception de l'Espagne et du Portugal) sont les plus riches puisque le PIB est supérieur à 25000 euros par habitant. Les pays situés à l'Est sont plus en retard au niveau économique : le PIB/hab s'étale de 5000 euros à 15000 euros. **[Je décris]**

Les pays d'Europe de l'Ouest sont pour la plupart riches, ceux à l'Est, moins riches. Cela rappelle la coupure de l'Europe pendant la Guerre froide. On retrouve là comme un « rideau de fer » économique (selon la formule de Winston Churchill en 1946), qui sépare les anciens pays du plan Marshall et les anciens pays satellites de l'URSS, qui souffrent encore aujourd'hui de la période communiste. **[Je prélève des informations et j'analyse]**

Je m'exerce et je valide la compétence

COMPÉTENCE 4 — **J'analyse une carte** — HISTOIRE

Thème 2.2 : Un monde bipolaire au temps de la Guerre froide

DOCUMENT La bipolarisation du monde et le « Tiers-Monde »

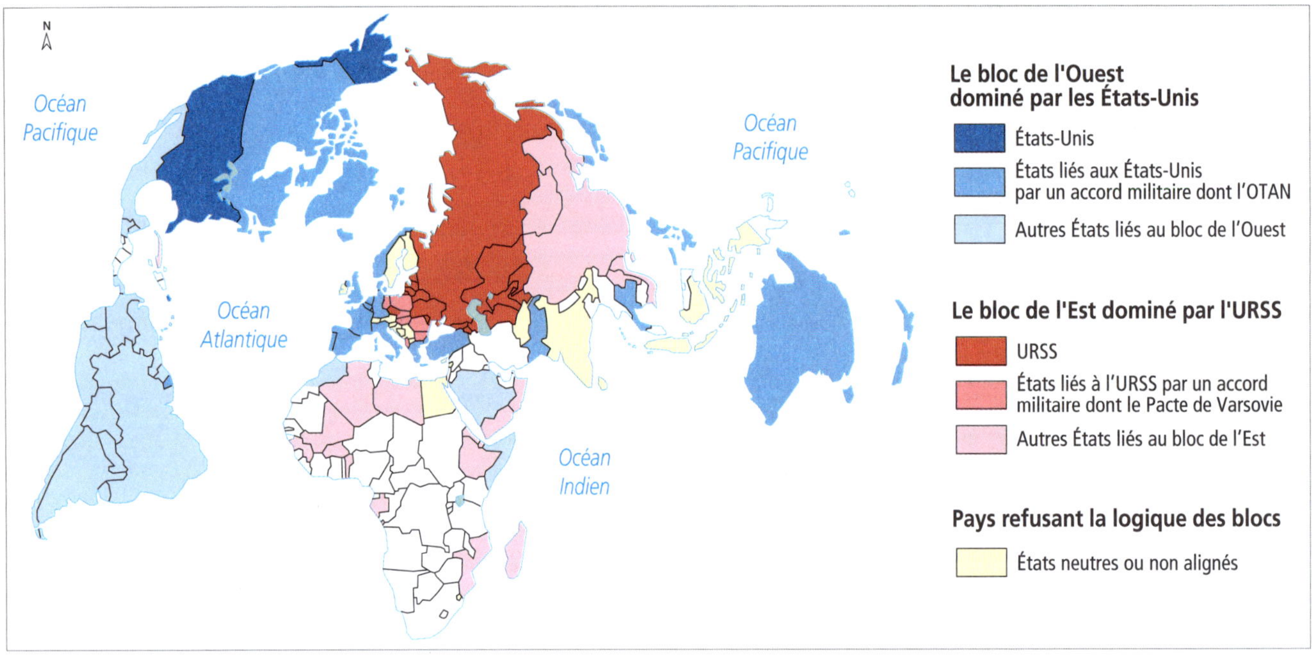

Expliquez pourquoi le monde est qualifié de « bipolaire ». Pourquoi pourrait-on aussi le qualifier de « tripolaire » ?

Parcours autonome

....

....

....

....

....

....

....

....

....

....

....

....

Si j'ai besoin d'aide, je m'appuie sur une des deux propositions suivantes. **→ AIDE N°** ....

Aide 1

1. Je présente la carte.
2. Je lis la légende.
3. Je prélève des informations.
4. J'analyse : j'utilise mes connaissances pour démontrer que la Guerre froide est basée sur un monde bipolaire.

Aide 2

1. Je présente : je donne le titre, le type de carte, l'idée principale.
2. Je lis la légende : je donne les titres des parties et ce qui les compose.
3. Je prélève des informations : j'indique où les couleurs se situent sur la carte et j'en donne le sens. Quels pays sont les leaders des blocs ? Où se situent-ils ? Où se situent les pays qui n'adhèrent pas aux blocs ?
4. J'analyse : j'utilise mes connaissances pour démontrer que la Guerre froide est basée sur un monde bipolaire avec une tentative de 3e voie pour arriver à un monde tripolaire (pays non alignés). J'explique ce que signifient « blocs », « non alignement », « rideau de fer ».

Je m'évalue

- Très bonne maitrise
- Maitrise satisfaisante
- Maitrise fragile
- Maitrise insuffisante — Je recommence ....

Domaines 1, 2 et 4
• Se repérer dans l'espace : construire des repères géographiques
• Analyser et comprendre un document

COMPÉTENCE 4 — GÉOGRAPHIE

J'analyse une carte

Thème 1.3 : Les espaces de faible densité et leurs atouts

Densité ▸ nombre d'habitants au km²

Éoliennes ▸ structures métalliques en forme d'hélices d'avion qui utilisent la force du vent pour créer de l'électricité.

DOCUMENT Les espaces de faible densité en France en 2012 : espaces en reconversion, espaces en crise

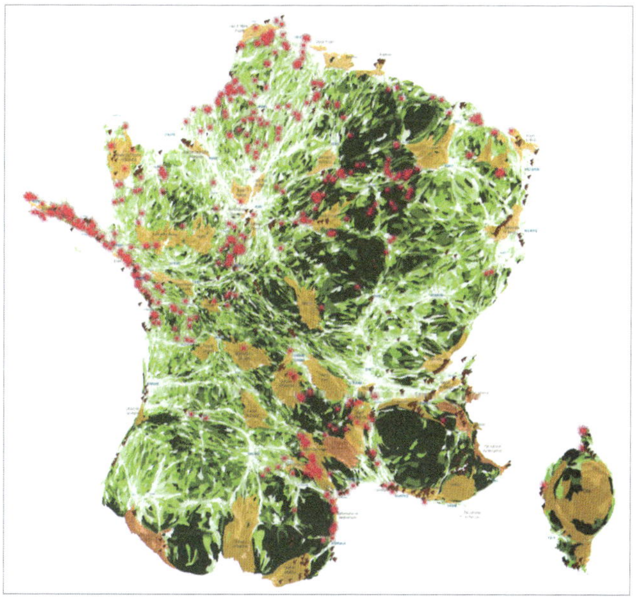

Le fond de carte est construit de telle manière que la surface des communes est d'autant plus grande qu'elles sont moins peulplées.

Présentez le document et situez les espaces de faible densité en France. À l'aide de vos connaissances, indiquez les principales caractéristiques de ces espaces.

Parcours autonome

....

....

....

....

....

....

....

....

....

....

....

....

....

....

Si j'ai besoin d'aide, je m'appuie sur une des deux propositions suivantes. **➜ AIDE N°** ......

Aide 1

1. Je présente la carte.
2. Je lis la légende.
3. Je prélève des informations.
4. J'analyse : j'utilise mes connaissances pour expliquer pourquoi certains espaces de faible densité sont attractifs et d'autres répulsifs.

Aide 2

1. Je présente : je donne le titre, le type de carte, l'idée principale.
2. Je lis la légende : j'indique les titres des parties et ce qui les compose.
3. Je prélève des informations : j'utilise les repères géographiques pour situer les espaces faiblement peuplés et les ressources. J'observe si certains figurés se chevauchent.
4. J'analyse : j'utilise mes connaissances pour expliquer pourquoi certains espaces de faible densité sont attractifs et d'autres répulsifs.

Je m'évalue

- Très bonne maîtrise (OR)
- Maîtrise satisfaisante (ARGENT)
- Maîtrise fragile (BRONZE)
- Maîtrise insuffisante — Je recommence !

Je prépare le brevet

Exercice 1 • Analyser et comprendre les documents

Thème 2.3 : Affirmation et mise en œuvre du projet européen HISTOIRE

Thème 3.2 : La France et l'Europe dans le monde GÉOGRAPHIE

DOCUMENT Les 20 ans de la chute du mur de Berlin

Compétence
« Analyser un document »
▸ Méthode, p. 12

PLANTU, « Les 20 ans de la chute du mur de Berlin », *Le Monde*, 10 novembre 2009.

Questions

1. Présentez le document. Dans quel contexte a-t-il été réalisé ?

2. Repérez comment est représentée l'Union européenne sur ce document. Expliquez ce choix.

3. Quel évènement s'est produit en 1989 ? Comment cet évènement est-il représenté sur le document ?

4. À l'aide de vos connaissances, citez et datez deux traités qui ont marqué la construction européenne durant et après la Guerre Froide.

Je prépare le brevet

Exercice 1
• Analyser et comprendre les documents

Thème 1.3 : La Deuxième Guerre mondiale, une guerre d'anéantissement

DOCUMENT Discours de Winston Churchill, le 13 mai 1940

Winston Churchill est Premier ministre britannique lorsqu'il prononce ce discours devant la Chambre des communes. La Deuxième Guerre mondiale a débuté ; l'Allemagne a envahi la Pologne, la Belgique et une partie de la France.

[...] Nous nous trouvons au seuil d'une des plus grandes batailles de l'histoire, [...] nous sommes en plein combat en maints points de la Norvège et de la Hollande, [...] il nous faut être prêt à tout en Méditerranée, [...] la guerre aérienne se poursuit sans relâche, et par surcroît de grands préparatifs doivent être faits ici sur notre sol. [...] Qu'il me soit permis de tenir à la Chambre le même langage qu'à mes collègues du gouvernement : « Je n'ai rien à offrir que du sang, du labeur, des larmes et de la sueur. »

Nous avons devant nous une épreuve de première grandeur. Nous avons devant nous de très longs mois de lutte et de souffrance. Vous me demandez quelle est notre politique ? Je vous réponds : faire la guerre, sur mer, sur terre et dans les airs, avec toute notre puissance et toute la force que Dieu peut nous donner ; faire la guerre contre une tyrannie monstrueuse, qui n'a jamais eu d'égale dans le sombre et lamentable catalogue des crimes humains. Voilà notre politique. Vous me demandez quel est notre but. Je vous réponds en deux mots : la victoire, la victoire à tout prix, la victoire malgré toutes les terreurs, la victoire quelque longue et dure que puisse être la route : car, hors la victoire, il n'est point de survie. Comprenez-le bien : pas de survie pour l'Empire britannique, pas de survie pour tout ce qu'illustre l'Empire britannique, pas de survie pour l'immémorial effort vers les buts supérieurs de l'humanité. Mais c'est plein d'espoir et d'entrain que j'assume ma tâche, assuré qu'il ne sera pas infligé à notre cause de faillir devant les hommes. Conjonctures qui m'autorisent – je pense – à réclamer l'aide de tous, et à dire : « Allons, en avant tous, unis et forts. »

Winston CHURCHILL,
Allocution à la Chambre des communes, 13 mai 1940.

Compétence
« Analyser un document »
▸ Méthode, p. 6

Questions

1. Qui est l'auteur de ce document ? Dans quel contexte prononce-t-il ce discours ?

2. Définissez et expliquez la « guerre aérienne » subie par le Royaume-Uni.

3. Expliquez la phrase soulignée en faisant appel à vos connaissances.

4. Relevez dans le document les régions en conflit citées par Churchill.

5. À l'aide de vos connaissances, indiquez dans quelles régions du monde, hors de l'Europe, l'Empire britannique est en conflit durant la Seconde Guerre mondiale et quels sont ses adversaires.

Je m'approprie la méthode

COMPÉTENCE 5

J'apprends à construire un schéma pour mémoriser

Les étapes à suivre

Pour construire un schéma ou une carte mentale, il faut :

1. **Classer les informations** et les résumer de manière simple ;
2. **Choisir la notion** principale à placer dans un cercle central. Il s'agit souvent d'un terme général qui doit être défini et précisé ;
3. **Placer les mots associés à la notion** dans des cercles reliés au cercle central. Les mots servent à définir, expliquer la notion traitée de manière simple et directe ;
4. **Illustrer avec des exemples et des documents.** Ils apportent des éléments concrets, permettent de visualiser la notion grâce à des images, textes, graphiques, etc.

Thème 1.2 : Démocraties fragilisées et expériences totalitaires dans l'Europe de l'entre-deux-guerres

EXEMPLE 1 La propagande nazie

Autodafé, Opernplatz à Berlin, le 10 mai 1933

Autodafés (Destruction par le feu de livres jugés dangereux)

Au centre : **NOTION IMPORTANTE À RETENIR**
« Propagande » est une notion large, un mot « abstrait » : diffuser des idées à un grand nombre de personnes par divers moyens afin de les endoctriner.

Autour de la notion : **MOTS ASSOCIÉS** qui la définissent, l'enrichissent.

Culte de la personnalité

Propagande nazie

Endoctrinement de la jeunesse

Camp des Jeunesses hitlériennes, 1944

Parades et défilés

Affiche « Vive l'Allemagne », années 1930

EXEMPLES ET DOCUMENTS

Parade au congrès du parti nazi à Nuremberg, 1935

Domaines 1, 2 et 5
- Pratiquer différents langages en histoire et en géographie
- Se repérer dans le temps : construire des repères historiques
- Raisonner, justifier une démarche et les choix effectués

Thème 1.2 : Les espaces productifs et leurs évolutions — **EXEMPLE 2** Les espaces productifs en France

NOTION IMPORTANTE À RETENIR
« Espaces productifs » est une notion large, un mot abstrait : portion de territoire où se développent des activités économiques.

Aide
Ici la carte mentale permet de classer et hiérarchiser les idées.

Sous la notion : **MOTS ASSOCIÉS** qui la définissent, l'enrichissent : définition de plus en plus précise et concrète.

Espaces productifs

- **Espace à dominante industrielle**
  - Zone industrialo-portuaire
    - Le Havre Fos-sur-Mer
  - Production industrielle classique et de haute technologie
    - Usines de construction automobiles
    - Industrie agro-alimentaire
- **Espace à dominante tertiaire**
  - Technopole
    - Centre de recherche automobile
  - Quartier d'affaires
    - La Défense (Paris) La Part-Dieu
  - Centres commerciaux
    - Périphérie des aires urbaines
  - Sites touristiques
    - Le Mont Saint-Michel
- **Espace à dominante agricole**
  - Champs ouverts, polyculture intensive
    - Région parisienne Nord-Pas-de-Calais
  - Vignobles
    - Bordelais Champagne Bourgogne
  - Bocages
    - Normandie

EXEMPLES ET DOCUMENTS

Industrie et tertiaire sont reliés.

Centre de recherches Peugeot de Velizy

Aide
Les exemples, peuvent aussi permettre de mettre en relation des éléments du schéma.

Industrie et agriculture sont reliées.

Usine agro-alimentaire de fabrication de surgelés de légumes Bonduelle d'Estrées-Mons dans un espace d'agriculture intensive (Nord Pas-de-Calais)

Je m'exerce et je manipule

COMPÉTENCE 5

J'apprends à faire un schéma pour mémoriser
Je maitrise les grandes notions du programme

HISTOIRE

EXERCICE 1 ★ Thème 1.2 : Démocraties fragilisées et expériences totalitaires dans l'Europe de l'entre-deux-guerres

Cochez la définition correspondante à cette notion.

La crise de 1929 est :

❒ une guerre entre des États qui veulent s'exterminer.

❒ une série de problèmes économiques qui commencent par le krach de Wall Street aux États-Unis.

❒ un ensemble des mesures prises en faveur du monde ouvrier.

EXERCICE 2 ★ Thème 3.1 : 1944-1947 : refonder la République, redéfinir la démocratie

• Quel régime politique se cache derrière cette phrase ?

Régime politique démocratique mis en place en France en 1792, qui a été remplacé ensuite pour devenir définitif à partir de 1870.

....

• Donnez-en une définition avec vos propres mots.

....

....

EXERCICE 3 ★★ Thème 2.4 : Enjeux et conflits dans le monde après 1989

Complétez le schéma à l'aide des mots ci-dessous.

Firme transnationale – Entreprise Mc Donald – Soft power – Puissance

Exemple : L'entreprise Mc Donald → **Mot associé** .... → **Mot associé** .... → **Notion** ....

Aide Un mot qui signifie « une grande entreprise mondiale »

Aide Un mot qui veut dire « imposer ses idées, sa culture, son mode de vie, ses entreprises en "douceur" »

Aide Un mot qui signifie « dominer par son armée, son économie, sa technologie, sa population, sa culture, etc. »

EXERCICE 4 ★★★ Thème 2.1 : indépendances et construction de nouveaux États

À l'aide de la liste ci-dessous, complétez le schéma.

Pays non alignés et Tiers-Monde – ONU : une tribune internationale – Ni communisme ni libéralisme – Inde – Pakistan – Indonésie – Égypte – Faible développement économique – Conférence de Bandung 1955 – Commonwealth – Francophonie.

Noms des pays indépendants (anciennes colonies)

....

....

....

Affirmation sur la scène internationale

....

....

....

Notions ....

Relations avec les anciens pays colonisateurs

....

....

....

Développement économique

....

....

....

Rappel La notion englobe tous les mots du schéma.

Domaines 1 et 2
- Raisonner, justifier une démarche et les choix effectués
- Pratiquer différents langages en histoire et en géographie

EXERCICE 5 ★★★ Thème 1 : L'Europe, un théâtre majeur des guerres totales (1914-1945)

• Parmi cette liste se trouvent quatre notions définissant la crise, utilisez-les pour compléter le schéma ci-dessous :

Crise morale – Crise économique – Crise politique – Crise militaire et diplomatique

• Choisissez ensuite parmi les exemples ci-dessous et reportez le numéro correspondant sur le schéma :

1. Seconde Guerre mondiale : des populations civiles exterminées (génocide juifs et tziganes), des villes détruites (Hiroshima…)
2. Les gueules cassées : les soldats reviennent de la guerre avec des stigmates et peinent à se réintégrer dans la société
3. Le nazisme et le stalinisme : régimes politiques avec un seul parti (parti nazi, parti communiste), fin de la démocratie.
4. Le krach de Wall Street : la bourse de New York s'écroule provoquant ruine des particuliers, fermeture de banques, chômage…

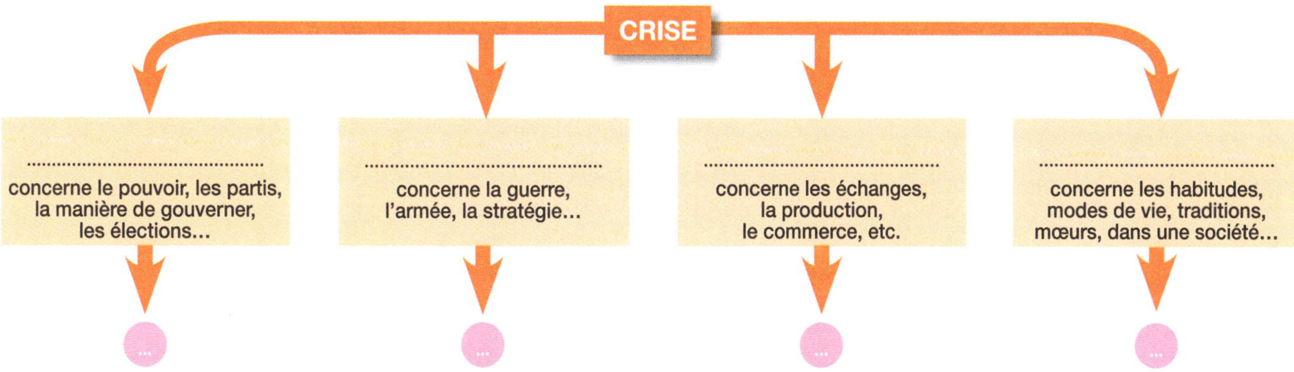

EXERCICE 6 ★★★ Thème 1 : L'Europe, un théâtre majeur des guerres totales (1914-1945)

Complétez le schéma : trouvez dans votre manuel, sur Internet, etc., deux documents pour illustrer chaque notion définie. Reportez le nom du document choisi dans la case correspondante.

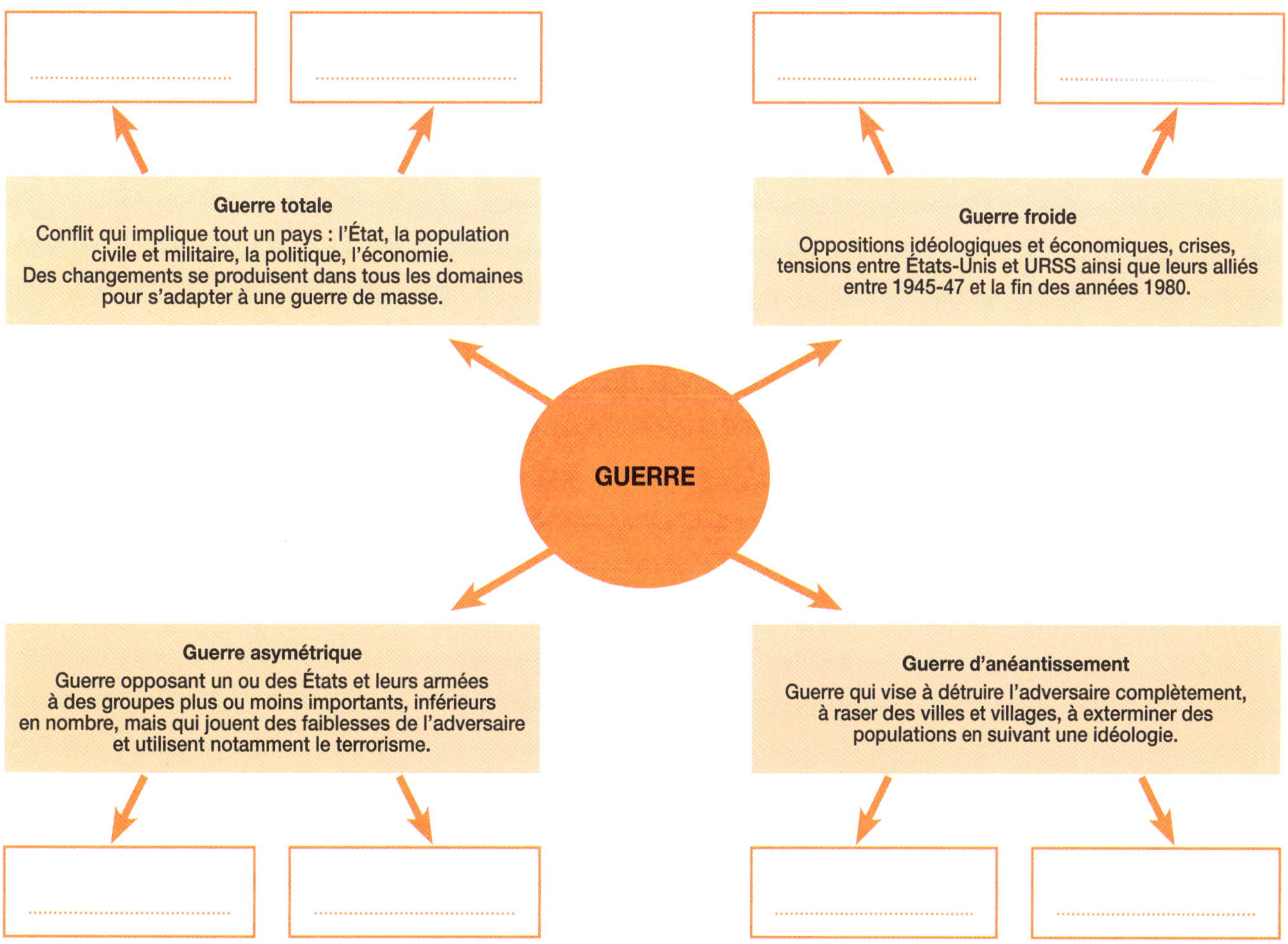

Je m'exerce et je manipule

COMPÉTENCE 5

J'apprends à faire un schéma pour mémoriser
Je maitrise les grandes notions du programme

GÉOGRAPHIE

EXERCICE 1 ★ **Thème 3.1 : L'Union européenne, un nouveau territoire de référence et d'appartenance**

Cochez la (ou les) définition(s) correspondante(s) à cette notion.

Une région transfrontalière est :

❒ une portion de territoire qui développe des hautes technologies et se trouve dans un cadre agréable.

❒ une portion de territoire qui met en œuvre des politiques communes entre plusieurs États voisins.

❒ une portion de territoire qui combine des caractéristiques administratives, historiques, physiques, des activités humaines, etc.

EXERCICE 2 ★ **Thème 2.1 : Aménager pour répondre aux inégalités croissantes entre territoires français**

• Quelle politique se cache derrière cette définition ?

Fait de construire des autoroutes, des stations balnéaires, des stations de ski, ponts, viaducs, etc. dans le but de lutter contre les inégalités territoriales.

……………………………………………………………

• Illustrez votre réponse par un (ou plusieurs) exemple(s) choisi(s) dans vos connaissances.

……………………………………………………………

……………………………………………………………

EXERCICE 3 ★★ **Thème 1.1 : Les aires urbaines, une nouvelle géographie de la France mondialisée**

Parmi cette liste, choisissez les mots pour compléter le schéma.

Périurbain – Péricentre – Aire urbaine – Rural – Banlieue – Mobilités – Parc Disney

Exemple : Le Parc Disney à 50 km de Paris est un ancien espace rural

Mot associé ……………………

Aide
Un mot qui signifie « la limite de la ville, où l'on peut trouver lotissements et activités nécessitant beaucoup d'espaces (stade, centre commercial) »

Mot associé ……………………

Aide
Un mot qui veut dire « collé à la ville avec des logements et des activités et qui a une plus forte densité »

Notion ……………………

Aide
Un mot qui signifie « une ville et ses alentours qui sont polarisés. »

EXERCICE 4 ★★★ **Thème 3.1 : L'Union européenne, un nouveau territoire de référence et d'appartenance**

• À l'aide de la liste ci-dessous, complétez le schéma.

Construction européenne – Traité de Maastricht – Traité de Rome – Espace Schengen – Espace euro – FEDER : aides financières pour unifier l'Europe – Transports (TGV européen) – Principes démocratiques et humanistes – Grandes entreprises (L'Oréal, Shell) – Absence d'armée européenne – Absence d'unité diplomatique (division lors du conflit en Irak en 2003)

Traités fondateurs
……………………
……………………
……………………

Limites de la puissance européenne
……………………
……………………
……………………

Politique d'unification et d'harmonisation
……………………
……………………
……………………

Notion ……………………

Rayonnement et influence mondiale
……………………
……………………
……………………

Domaines 1 et 2
- Raisonner, justifier une démarche et les choix effectués
- Pratiquer différents langages en histoire et en géographie

EXERCICE 5 ★★★

Thème 1.1 : Les aires urbaines, une nouvelle géographie de la France mondialisée
Thème 1.3 : Les espaces de faible densité (espaces ruraux, montagnes, secteurs touristiques peu urbanisés) et leurs atouts

Pour chaque document :
– indiquez quelle notion est représentée : Aire urbaine ou Espace rural.
– indiquez quelle partie de l'Espace rural ou de l'Aire urbaine est représentée :
Espace agricole ; Espace en voie de désertification ; Espace en reconversion ; Espaces centraux ; Espace périurbain ; Espace suburbain ; Espace touristique.
– justifiez votre réponse.

DOCUMENT 1

Strasbourg, vue aérienne

Notion : ……………………………………

Partie représentée : ……………………………………

……………………………………

Je justifie : ……………………………………

……………………………………

……………………………………

DOCUMENT 2

Les agriculteurs abandonnent leurs champs qui sont recouverts par la forêt.

Notion : ……………………………………

Partie représentée : ……………………………………

……………………………………

Je justifie : ……………………………………

……………………………………

……………………………………

DOCUMENT 3

La station de ski d'Isola 2000 dans les Alpes Maritimes construite de toutes pièces dans les années 1970 pour attirer des touristes avec de nombreux logements en bas des pistes.

Notion : ……………………………………

Partie représentée : ……………………………………

……………………………………

Je justifie : ……………………………………

……………………………………

……………………………………

DOCUMENT 4

Le centre commercial Atantis à Nantes : un million de visiteurs par mois.

Notion : ……………………………………

Partie représentée : ……………………………………

……………………………………

Je justifie : ……………………………………

……………………………………

……………………………………

Je m'exerce et je valide la compétence

COMPÉTENCE 5

J'apprends à construire un schéma pour mémoriser

HISTOIRE

Thème 3.2 : La Vᵉ République, de la République gaullienne à l'alternance et la cohabitation

À partir des mots soulignés dans le texte suivant, réalisez une carte mentale sur la Vᵉ République.

Parcours autonome

En France les citoyens ont le droit de vote à 18 ans. Ils élisent les députés et le Président de la République.
Le Sénat est élu par des Grands Électeurs (députés, conseillers municipaux, départementaux, régionaux).
Les députés et sénateurs détiennent le pouvoir législatif et décident des lois.
Le président de la République détient le pouvoir exécutif et peut dissoudre l'Assemblée nationale pour appeler à des nouvelles élections.
Il désigne le Premier Ministre et son gouvernement.
Le Conseil constitutionnel vérifie la conformité des lois avec la Constitution de 1958.

Recherchez ensuite des illustrations (photographies, par exemple) que vous utiliserez pour illustrer votre carte mentale.

Si j'ai besoin d'aide, je m'appuie sur une des deux propositions suivantes. **→ AIDE N°** ....

Aide 1

1. Je définis la notion et mots associés.
2. Je classe ces mots en catégories : pouvoir législatif, exécutif, pouvoir du peuple, pouvoir de conseil... Chaque catégorie pourra être une case de mon schéma.
3. Je hiérarchise: le pouvoir du peuple sera en bas du schéma, les autres au-dessus, le pouvoir de conseil à part.
4. Je relie par des flèches qui signifient « suffrage direct/indirect », « désigner »...

Aide 2

1. Pour classer les informations, je hiérarchise :
Case 1 : Les citoyens sont la base du système républicain → placés en bas du schéma.
Case 2 : Le Sénat et l'Assemblée nationale se partagent le pouvoir législatif → case coupée en 2, placée à gauche.
Case 3 : Attention ! Les sénateurs sont élus par les Grands Électeurs → case intermédiaire entre citoyens et Sénat.
Case 4 : Le Président et le Premier Ministre se partagent le pouvoir exécutif → case coupée en 2, placée à droite.
Case 5 : Conseil constitutionnel → case à part, entre les cases 2 et 4.
2. Je relie les éléments entre eux. J'identifie les liens par des flèches de couleurs en donnant leur signification : « élisent », « désigne », « droit de dissolution ».

Je m'évalue

- Très bonne maitrise (OR)
- Maitrise safisfaisante (ARGENT)
- Maitrise fragile (BRONZE)
- Maitrise insuffisante — Je recommence

Domaines 1 et 2
- Raisonner, justifier une démarche et les choix effectués
- Pratiquer différents langages en histoire et en géographie

COMPÉTENCE 5

J'apprends à construire un schéma pour mémoriser

GÉOGRAPHIE

Thème 2.2 : Les territoires ultra-marins français : une problématique spécifique

À partir des notions et des mots soulignés dans le texte suivant, construisez une carte mentale.

Parcours autonome

Notion : Territoire-ultramarin (DROM COM)

Notions associées : Insularité – Géopolitique – Critères socio-économiques – Critères géographiques (éloignement)

Un territoire-ultramarin insulaire possède des atouts et des contraintes.
Un territoire ultramarin insulaire est éloigné des terres et notamment de la France: la Nouvelle-Calédonie est ainsi à 20 heures d'avion de la France. Il ne peut pas produire tout ce dont il a besoin et doit donc importer, le prix des denrées est élevé. La plupart des Territoires ultramarins souffrent également d'un chômage élevé (La Réunion : 26,8 % de chômeurs en 2014) et bénéficient de nombreuses aides de l'Union européenne et de la France.
Mais ils ont également des atouts : cela permet à la France d'avoir des bases militaires dans le monde (Guadeloupe, Réunion…), de développer la langue française et la francophonie, de développer des hautes technologies grâce à la position de la Guyane (lancement d'Ariane) et ils sont des territoires attractifs pour les régions environnantes (Suriname, Brésil pour la Guyane).

Vous pouvez ensuite illustrer par des documents (photographies, cartes, schémas).

Si j'ai besoin d'aide, je m'appuie sur une des deux propositions suivantes. **→ AIDE N°** ....

Aide 1

1. Je cherche les définitions des termes que je ne connais pas.
2. Je classe et hiérarchise les mots et les exemples. Un exemple sert à illustrer un mot de ma liste : il est concret (lieu, chiffres, etc.).
3. Je réfléchis à la forme de mon schéma. L'exemple sera en bas de mon schéma. Il se rattache à un mot associé placé au-dessus. Le mot sera lui-même rattaché à la notion centrale.

Aide 2

1. Pour classer les informations, je hiérarchise :
   Case 1 : Je place la notion à définir : « Territoire ultra-marin » → dans un bandeau en haut du schéma.
   Cases 2, 3, 4 et 5 : Je choisis les mots importants (sous-notions) associés à la notion : « Insularité », « Critères socio-économiques », « Géopolitique », « Éloignement » → dans des cases sous la notion, reliées à la notion par des flèches.
   Cases suivantes : Je choisis des exemples rattachés aux sous-notions → dans des cases sous les cases 2, 3, 4 et 5, reliées par des flèches.
2. Je détermine mes exemples en définissant les notions :
   Insularité : le fait d'être une île amène des contraintes (difficultés de déplacement vers l'extérieur, manque de ressources, prix élevés) et des atouts (tourisme).
   Critères socio-économiques : ce qui définit une population : niveau de revenus, métier, santé etc.
   Géopolitique : relations des États entre eux.
   Éloignement : voyages longs, fuseaux horaires différents…

Je m'évalue

Très bonne maitrise

Maitrise satisfaisante

Maitrise fragile

Maitrise insuffisante — Je recommence !

Je m'approprie la méthode

COMPÉTENCE 6

Je réalise un croquis

Thème 2.1 : Aménager pour répondre aux inégalités croissantes entre territoires français, à toutes les échelles

DOCUMENT L'organisation du territoire national

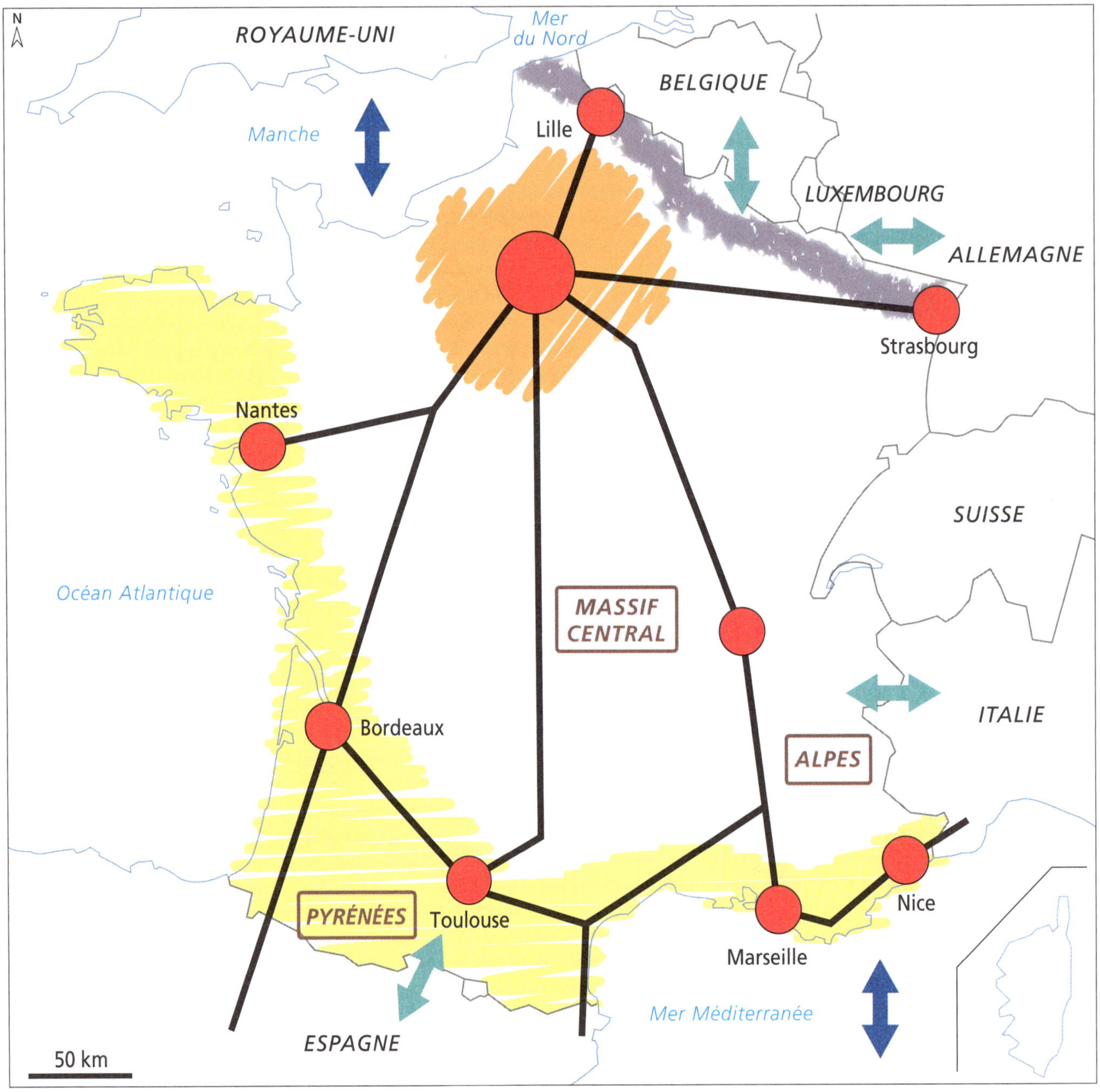

Les étapes à suivre

1. Un croquis comporte **toujours un Titre**, une **Orientation**, une **Légende** et une **Échelle** en noir (On parle de **TOLE** pour se rappeler qu'il faut ces 4 éléments indispensables).
2. **Un croquis comporte des repères** (fleuves, mers, océans, continents, ville, pays, etc., à écrire à l'horizontale).
3. **Un croquis comporte toujours la légende constituée de figurés appropriés à reporter sur le croquis** (voir ci-contre).
4. **Un croquis doit être colorié de manière très claire** pour ne pas alourdir le rendu final.

Domaines 1, 2 et 4
- Pratiquer différents langages en histoire et en géographie
- Réaliser des productions graphiques et cartographiques

Repères : Les différents types de figurés

FIGURÉS DE SURFACE	FIGURÉS LINÉAIRES	FIGURÉS PONCTUELS
Couleurs chaudes : espaces dynamiques Couleurs froides : espaces en difficulté Hachures en superposition sur du coloriage	Plusieurs tailles pour hiérarchiser l'importance Une double flèche pour indiquer les connexions	Plusieurs tailles pour hiérarchiser selon l'importance
▸ Mettre des zones en valeur	▸ Montrer des liaisons, des connexions entre différents espaces, des flux (déplacements)	▸ Montrer des endroits précis : villes, ports

Je place les figurés appropriés dans la légende en m'appuyant sur le croquis.
Je complète les blocs en expliquant le choix de chaque figuré.

LÉGENDE

1 Un territoire bien desservi et relié à l'Europe

TYPE DE FIGURÉ
....
....
....

→ .... Interface maritime

→ .... Ouverture sur l'Europe

TYPE DE FIGURÉ
....
....
....

→ .... Réseaux de communication satisfaisants mais qui restent à densifier

2 Métropolisation et littoralisation : entre crises et reconversion

.... Métropole mondiale ←

.... Principales aires urbaines ←

TYPE DE FIGURÉ
....
....
....

.... Poids écrasant de la région parisienne ←

.... Une Sun Belt à la française ←

.... Région en reconversion économique ←

TYPE DE FIGURÉ
....
....
....
....
....

TYPE DE FIGURÉ
....
....
....

→ .... Régions marginalisées par des contraintes physiques

COMPÉTENCE 6 **Je réalise un croquis** HISTOIRE

Thème 1.4 : La France, défaite et occupée. Régime de Vichy, collaboration, Résistance

DOCUMENT Titre : ....

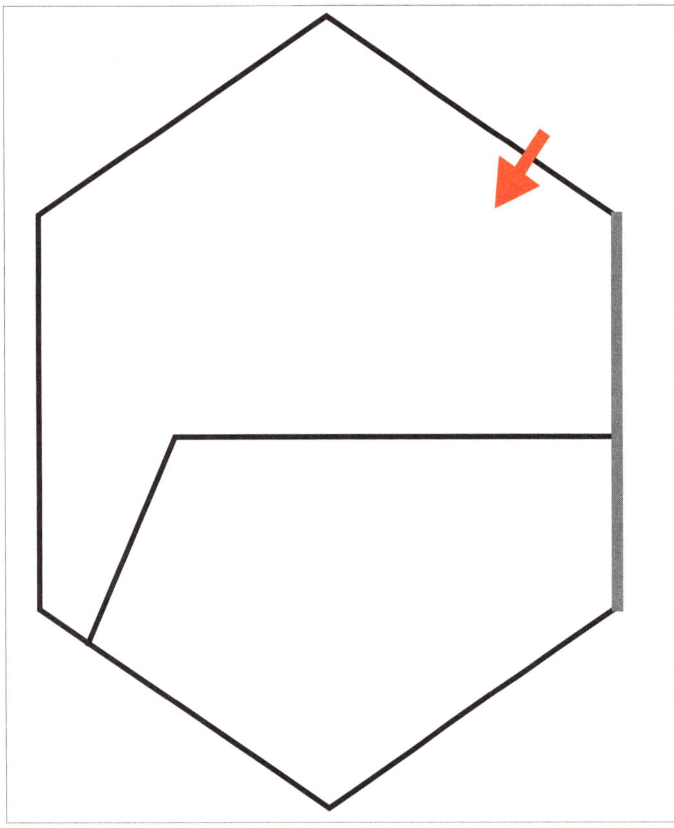

Légende

I. ....

....

....

II. **Désorganisation et panique**

.... Signature de l'armistice à Rethondes

→ ....

III. ....

....

....

....

▬ ....

Réalisez un schéma sur la France de mai-juin 1940 : Blitzkrieg et « défaite éclair ».

Parcours autonome

1. **Complétez la légende avec les titres suivants :**
- Deux Frances
- Préparation inefficace et débâcle militaire

2. **Choisissez le figuré le mieux adapté pour chacun des items ci-dessous et placez-les dans la légende à l'endroit approprié.**
- Capitales
- Zone occupée
- Ligne de démarcation
- Zone « libre » de Vichy
- L'Exode, 8 millions de Français sur les routes
- Percée nazie à Sedan
- Fortifications bétonnées de la ligne Maginot

3. **À l'aide de vos connaissances, reportez les figurés sur le croquis.**

Si j'ai besoin d'aide, je m'appuie sur une des deux propositions suivantes. **→ AIDE N°** ....

Aide 1

1. Un croquis comporte toujours un Titre, une Orientation, une Légende, une Échelle (TOLE).
2. Je place quelques repères (mers, océans, etc.).
3. Je choisis les figurés adaptés (ponctuels pour un lieu précis, linéaires pour des déplacements, etc.)
4. Je reporte les figurés sur le croquis.

Aide 2

1. Je note le titre du croquis et l'orientation.
2. Je place quelques repères géographiques (mers, océans) pour situer l'espace à étudier.
3. Je complète le texte de la légende : j'organise les titres chronologiquement, j'écris en noir.
4. Je choisis les figurés adaptés :
   – figurés ponctuels pour un lieu précis (capitale, ville) ;
   – figurés linéaires pour des déplacements (Exode, Sedan) ou des frontières (ligne de démarcation, ligne Maginot) ;
   – figurés de surface pour une zone (zone « libre », zone occupée).
5. Je reporte les figurés de la légende sur le croquis : je m'appuie sur mon cours sur la Seconde Guerre mondiale. Je suis précis et je colorie de manière très claire.

Je m'évalue

- Très bonne maitrise (OR)
- Maitrise safisfaisante (ARGENT)
- Maitrise fragile (BRONZE)
- Maitrise insuffisante — Je recommence

COMPÉTENCE 6

Je réalise un croquis

GÉOGRAPHIE

Thème 3.2 : La France et l'Europe dans le monde

DOCUMENT Titre ....

Légende

I. Un moteur dans la construction et le développement du projet de l'Union

FRANCE ....

.... Ville accueillant une institution européenne

....

....

II. ....

....

.... Périphérie la mieux intégrée au cœur de l'UE

III. ....

....

....

....

Réalisez un croquis sur la place stratégique de la France dans l'Union européenne. **Parcours autonome**

1. **Complétez la légende avec les titres suivants :**
   - Une porte d'entrée du monde vers le continent européen
   - Un espace économique dynamique de l'UE

2. **Choisissez le figuré le mieux adapté pour chaque item ci-dessous et placez-les dans la légende à l'endroit approprié :**
   - Point d'entrée de la Northern Range
   - Dorsale européenne
   - Ville accueillant une institution européenne
   - Périphérie la mieux intégrée au cœur de l'UE
   - Ville mondiale
   - Les eurorégions en construction
   - Pays adhérant aux projets unificateurs (Schengen et/ou Euro)
   - Quadruple interface maritime
   - Un des pays fondateurs de l'UE

3. **À l'aide de vos connaissances, reportez les figurés sur le croquis.**

Si j'ai besoin d'aide, je m'appuie sur une des deux propositions suivantes. **➜ AIDE N°** ....

Aide 1

1. Un croquis comporte toujours un Titre, une Orientation, une Légende, une Échelle (TOLE).
2. Je place quelques repères (mers, océans, etc.).
3. Je place sur la légende le figuré approprié et je le reporte sur le croquis.

Aide 2

1. Je note le titre du croquis et l'orientation.
2. Je place quelques repères géographiques (mers, océans) pour situer l'espace à étudier.
3. Je complète le texte de la légende : j'organise les titres par échelle, du national au mondial, j'écris en noir.
4. Je choisis les figurés adaptés :
   – figurés ponctuels pour un lieu précis (ville, siège, pays fondateurs, adhérant aux projets) ;
   – figurés linéaires pour des liaisons ou des frontières (route, dorsale européenne, interface) ;
   – figurés de surface pour une zone, un espace étendu.
5. Je reporte les figurés de la légende sur le croquis : je m'appuie sur mon cours sur l'Union européenne. Je suis précis et je colorie de manière très claire.

Je m'évalue

- Très bonne maitrise — OR
- Maitrise satisfaisante — ARGENT
- Maitrise fragile — BRONZE
- Maitrise insuffisante — Je recommence !

Je m'approprie la méthode

Domaines 1, 2, 3 et 5
• Pratiquer différents langages en histoire et en géographie

COMPÉTENCE 7 Je réalise un diaporama

1 J'importe et je manipule des illustrations.

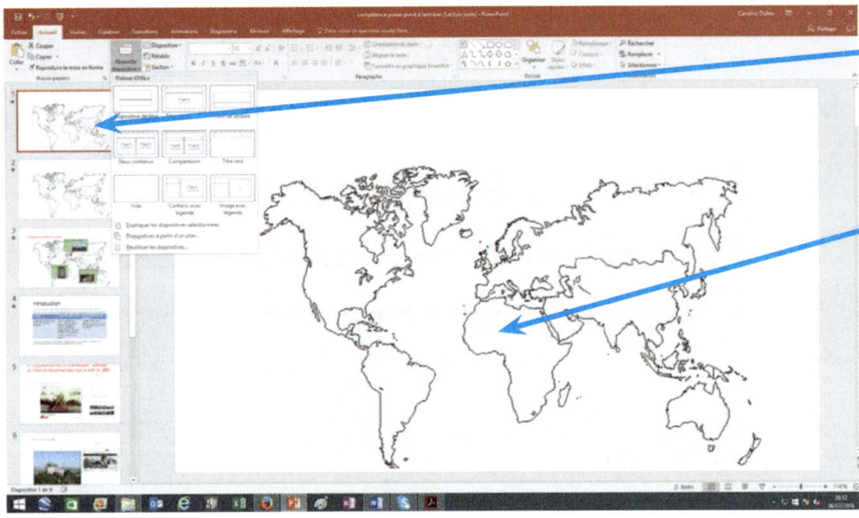

• Je crée une diapositive

Onglet « **accueil** »
→ bouton « **nouvelle diapositive** »,
je choisis un des modèles proposés.

• J'insère un document

Je choisis un fond de carte sur Internet ou sur mon ordinateur.
Je le copie et je le colle sur la diapositive dans la zone souhaitée (clic droit de la souris).

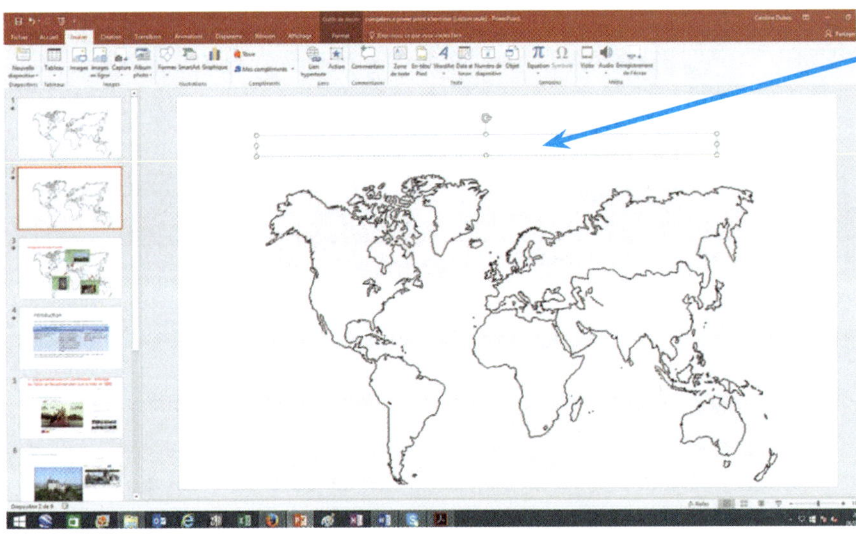

• J'insère des zones de textes

Onglet « **insertion** »
→ bouton « **zone de texte** »
→ clic gauche, je place l'encadré là où je veux que soit mon texte.

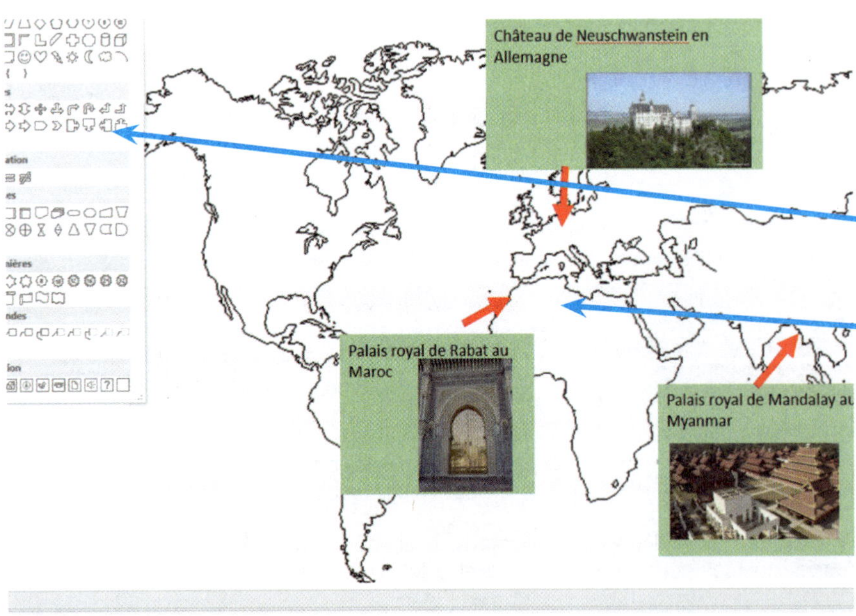

• Je flèche des éléments

Onglet « **insertion** » → bouton « **formes** »
→ je choisis le type de flèches

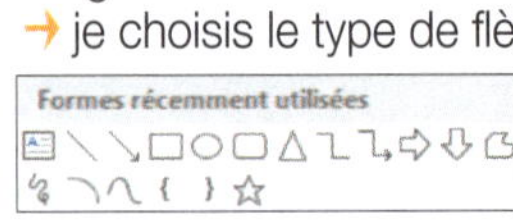

→ clic gauche pour ajuster la longueur et l'orientation de la flèche. → Double clic sur la flèche pour choisir sa couleur dans « **contour** »

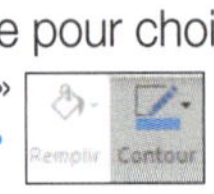

2 J'insère des photographies depuis des sites Internet.

• J'insère une image

Clic sur le milieu de la page partie « images en lignes » ou
Onglet « **insertion** » → bouton « **images en ligne** »

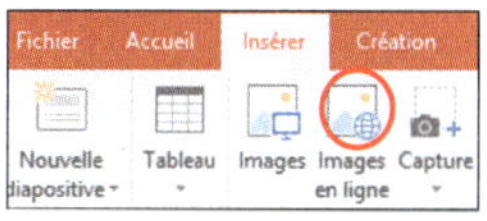

Choisir une image. Clic sur « **insérer** » : l'image apparait sur la page.

3 J'insère une vidéo depuis un site Internet.

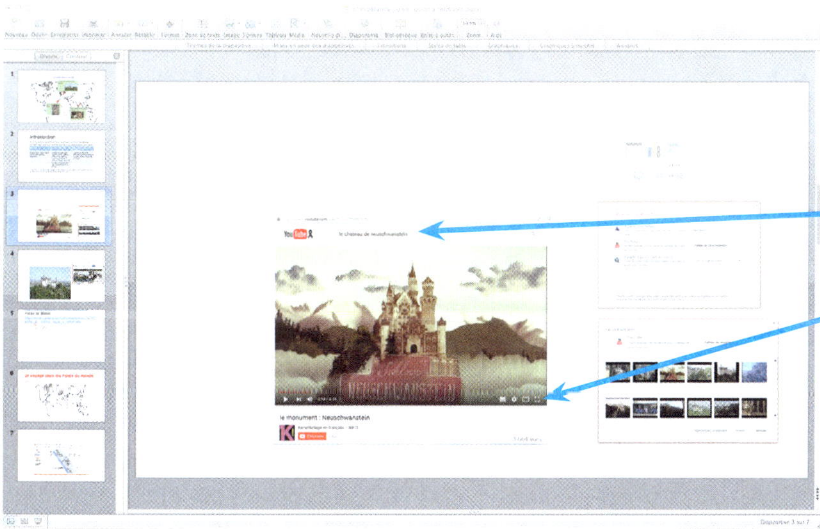

• J'insère une vidéo

Onglet « **insertion** » → bouton « **vidéo** ».
Ou clic sur le milieu de la page vierge sur ce symbole : 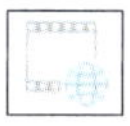

→ Je lance une recherche en tapant : **château de Neuschwanstein**
→ Je choisis une vidéo sur le site Internet.
→ Copier l'adresse du site dans la barre de recherche
→ clic sur « insérer » → double clic gauche pour lancer la vidéo.

4 J'anime mon diaporama.

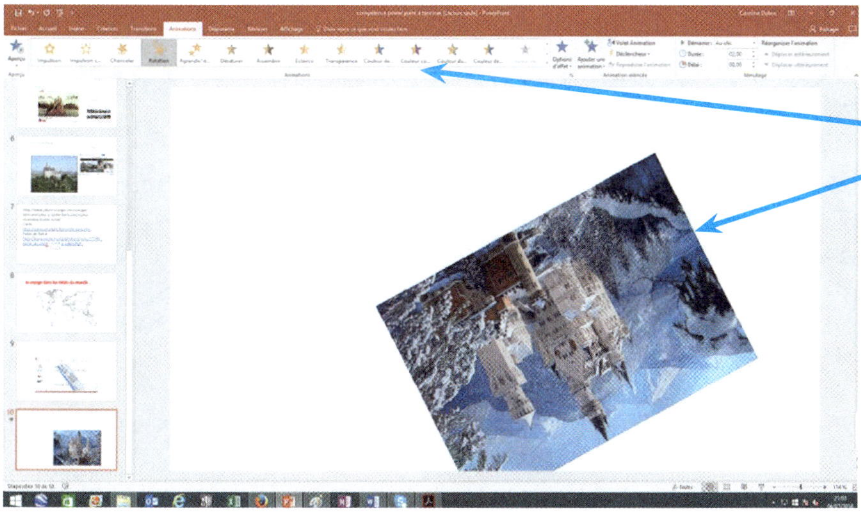

• Je fais une animation

Clic gauche → je sélectionne la zone de texte que je veux mettre en valeur avec une apparition lors du diaporama.
→ Onglet « **animations** » → je sélectionne une animation : « **agrandir et tourner** », « **apparaitre** », « **roue** », « **fondu** », etc.

→ Je sélectionne les zones de texte selon l'ordre d'apparition que je souhaite voir défiler : des numéros m'indiquent cet ordre : 1 2

Je m'approprie la méthode

Domaines 1, 2 et 5
- Pratiquer différents langages en histoire et en géographie
- S'exprimer à l'oral pour penser, communiquer et échanger

COMPÉTENCE 8

Je m'entraine à l'épreuve orale

Sujet présenté : Les palais et les châteaux au xxe siècle, des lieux de pouvoirs aux musées.

Aide
Avant mon exposé, je me suis entrainé.
❑ Je dis à voix haute mon exposé tout seul, devant un miroir, devant ma famille ou des amis.
❑ Je peux me filmer pour me renre compte de mon attitude à l'oral et travailler ma gestuelle.
❑ Je chronomètre mon travail en m'entrainant. Je sais que mon exposé doit durer entre 5 et 10 minutes.

Les étapes à suivre

1 Je présente rapidement le sujet de mon EPI.	L'EPI que je vais vous présenter aujourd'hui porte sur les palais et les châteaux au xxe siècle.
2 J'explique pourquoi j'ai choisi cet EPI.	J'ai choisi de présenter cet EPI car j'ai toujours été intéressé par l'architecture monumentale. J'ai eu la chance de visiter le château de Versailles lors d'un voyage scolaire et j'ai été impressionné par les dimensions du château, par la beauté des décors de la Galerie des glaces et du Grand Trianon ainsi que par l'architecture des jardins à la française.
3 Je présente l'organisation de mon travail.	**Mon professeur d'histoire** m'a chargé(e) de : – localiser et situer le lieu où se trouve chaque château choisi dans le monde ; – faire une représentation du régime politique au moment de sa construction ; – faire l'historique du château, date de construction, etc., et le décrire ; – raconter s'il a été un lieu de pouvoir (siège d'une monarchie, par exemple, ou résidence d'été…) ; – identifier sa fonction actuelle (toujours une résidence royale ? Une mairie ?) et s'il a connu des évènements particuliers au xxe siècle (par exemple : un palais impérial qui devient un musée…) Cette partie a été complétée par **le professeur d'arts plastiques** qui m'a demandé de : – traiter de l'architecture dans les châteaux en identifiant le style dans lequel ils ont été construits ; – choisir un exemple d'une œuvre d'art présente dans le château en la décrivant. Pour terminer, j'ai mis en forme mon travail final dans un diaporama (► Compétence 7, p. 42).
4 Je présente ma démarche méthodologique. J'indique comment j'ai fait mes recherches personnelles : où ? combien ?	1. J'ai commencé mon travail par des recherches sur différents palais pour en sélectionner trois. J'ai essayé de diversifier les lieux sur différents continents, sur demande de mes professeurs. J'ai utilisé Internet, la médiathèque, le CDI, le musée, les archives, etc. 2. J'ai choisi de présenter trois palais au xxe siècle, d'évoquer leurs fonctions (politique, musée, etc.) et de relater un épisode de leur histoire, un évènement qui s'est produit au xxe siècle. 3. J'ai sélectionné le Palais de Neuschwanstein en Allemagne, le palais de Rabat au Maroc et le palais de Mandalay au Myanmar (Birmanie). 4. J'ai localisé géographiquement les palais grâce à Google Earth. 5. J'ai situé historiquement les palais : j'ai fait des recherches sur l'histoire politique des pays au xxe siècle et je l'ai présentée sous forme de frise chronologique. 6. J'ai sélectionné des images, des plans, des œuvres d'art dans les trois palais afin de pouvoir les décrire (construction, architecte, commanditaire). 7. Après ce travail de recherches, j'ai constitué un diaporama pour visualiser chaque étape. J'ai décrit et illustré les points importants par des documents.

5 Je présente un extrait de mon EPI à partir d'un exemple.

Je vais vous présenter un exemple de mon travail : quelques diapositives sur le Palais de Neuschwanstein.

1. **J'ai localisé le palais à l'aide de Google Earth : il se trouve en Allemagne.**

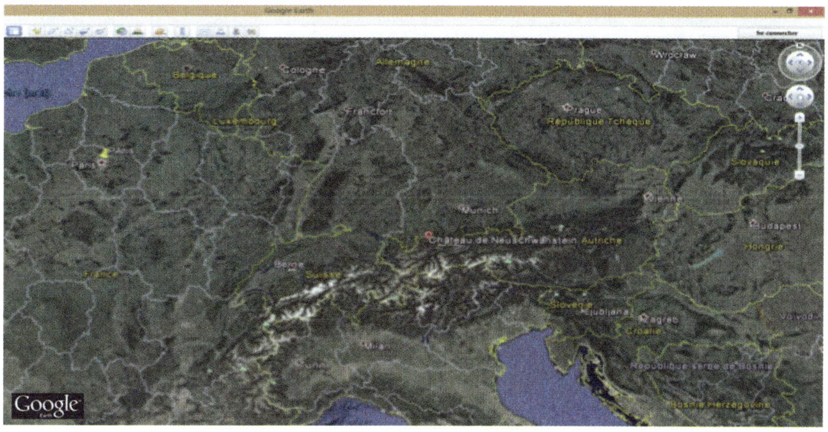

2. **J'ai fait une frise pour situer historiquement le palais dans le pays où il se trouve en indiquant les régimes politiques du xxᵉ siècle qu'il a traversé.**

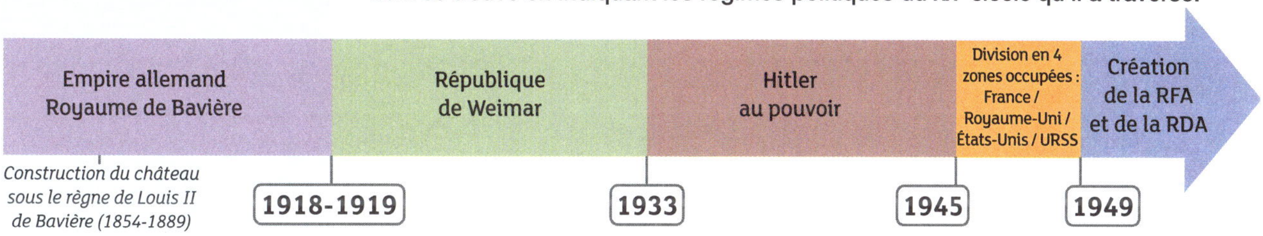

3. **J'ai choisi des photographies.**

4. **Voici un extrait du texte de la diapositive.**

Louis II de Bavière a fait construire ce château au XIXᵉ siècle.
Durant la Deuxième Guerre mondiale, ce château a été le lieu d'un événement marquant : il sert de dépôt pour des œuvres d'art pillées par les nazis auprès des juifs. Les Allemands souhaitaient constituer un musée. À la Libération, les monument's men, soldats américains spécialisés dans l'art, retrouvent les œuvres.

---

6 Pour conclure mon exposé, je dis ce que ce travail m'a apporté(e).

Grâce à mes deux professeurs, qui m'ont chacun apporté des compétences liées à leur discipline, j'ai appris à être attentif lors de mes recherches afin de trouver les bonnes informations et à organiser la rédaction de mon travail.

J'ai parfois eu du mal à trouver comment étaient dirigés les pays et là mon professeur d'histoire a pu m'aider en répondant à mes questions ou en guidant mes recherches.

Enfin, ce travail m'incite à être plus attentif à la dimension historique des monuments. J'ai compris qu'un monument a une histoire qui change et que rien n'est figé.

Domaines 1, 2 et 4
- Se repérer dans le temps : construire des repères historiques
- Raisonner, justifier une démarche et les choix effectués
- Pratiquer différents langages en histoire et en géographie

COMPÉTENCE 9

Je rédige un développement construit

Définition

Un développement est une **synthèse problématisée**. C'est un exercice structuré **en 2 ou 3 parties** séparées par des sauts de lignes : une partie **introductive**, un **développement**, une partie **conclusive**.

Thème 3.2 : La France et l'Europe dans le monde

Sujet : Sous la forme d'un développement construit d'une vingtaine de lignes, vous expliquerez les attributs de la puissance de l'Union européenne et ses limites.

Exemple de brouillon

Termes importants du sujet

> **Attributs** : atouts.

> **Puissance** : capacité d'un État à influencer un autre État par son armée, son économie, sa diplomatie, sa culture.

> **Limites** : difficultés, handicaps.

Bornes géographiques

> **Union Européenne** : nom depuis 1992, traité de Maastricht, 27 pays européens membres.

Reformulation du sujet

Quelles sont les caractéristiques de l'UE et quels sont ses points faibles ?

Connaissances classées

PUISSANCE	LIMITES
ÉCONOMIQUE : Puissance économique mondiale : 1er PIB, 2/3 des exportations et investissements du monde CULTURELLE : Attractivité : 6 pays candidats à l'adhésion Foyer mondial d'accueil de migrants : attraction de son mode de vie + développement économique + libertés 2012 : prix Nobel de la paix pour sa promotion des droits de l'Homme	POLITIQUE : Fonctionnement lourd et complexe Pas de diplomatie commune, ni armée. SOCIALE : Manque de cohésion

Plan

I. Les caractéristiques de la puissance de l'Union européenne
1. Une puissance économique
2. Une puissance culturelle

II. Les limites de la puissance de l'Union européenne
1. Des limites politiques
2. Des limites sociales

Les étapes à suivre

1. **Je repère les termes importants du sujet,** je les définis.

2. **Je note les bornes** chronologiques et/ou géographiques du sujet pour les expliquer.

3. **Je reformule le sujet.**

4. **J'enrichis ma compréhension** du sujet par mes connaissances. **Je liste ces connaissances et je les classe.**

5. **J'organise mon plan,** soit par thème, soit par ordre chronologique.

Je souligne dans la copie ci-dessous les éléments en suivant le code couleurs indiqué dans les étapes.

Aide
En histoire et en géographie, dans la rédaction, on utilise UNIQUEMENT le présent.

Introduction

L'Union européenne (UE) est une association créée en 1992 par le Traité de Maastricht, associant aujourd'hui 27 États (après le Brexit). Cette association d'États est la plus ambitieuse du monde : politique, économique, mais aussi sociale et législative. Ceci explique que l'UE soit une puissance : capacité d'influencer d'autres États par son économie, sa diplomatie, sa culture, son armée. Toutefois, elle doit gérer des obstacles afin d'être une puissance complète. Quels sont les éléments qui font la puissance de l'UE et quelles sont ses limites ?

Les étapes à suivre

1. **J'expose le contexte** historique et/ou géographique.
2. **Je donne la définition des termes du sujet.**
3. **Je formule une problématique** : c'est un problème à résoudre, sous forme interrogative, elle est TOUJOURS à la fin de l'introduction.

Développement

Tout d'abord, l'UE est la 1ère puissance économique mondiale. Son PIB est le 1er au monde, la moitié des marchandises exportées sont européennes, la moitié des investissements sont européens. L'UE exerce aussi son soft power. Elle est le 1er foyer d'accueil de migrants dans le monde. Beaucoup proviennent de régions proches en difficulté (Afrique subsaharienne et Moyen-Orient), attirés par son modèle social, sa richesse, son mode de vie, mais aussi ses valeurs démocratiques et de libertés. D'ailleurs, en 2012, elle reçoit le prix Nobel de la paix pour sa promotion des droits de l'Homme.

Néanmoins, l'UE est une puissance inachevée car elle a des handicaps. Le fonctionnement est lourd et complexe : c'est une présidence tournante de 6 mois, ce qui empêche une politique suivie. De plus, il n'existe pas d'armée commune qui permettrait une intervention militaire sur la scène internationale (hard power). La diplomatie n'est pas commune, et chaque État parle en son nom, montrant parfois des désunions (par exemple, l'intervention en Irak des États-Unis en 2003). Enfin, les élargissements successifs en Europe centrale, les crises économiques et pays endettés à qui il faut apporter du soutien financier (Grèce notamment) mènent à une contestation très vive de l'UE par une partie de la population. En juin 2016, après la campagne du Brexit, le Royaume-Uni a décidé par référendum de quitter l'UE (cette procédure est inédite).

Les étapes à suivre

1. **Je rédige un argument (une idée) dans chaque première phrase de paragraphe** : une réponse directe à la problématique (aucune date, aucun chiffre).
2. **J'illustre chaque argument avec des exemples** (dates, chiffres).
3. **J'utilise des mots connecteurs** pour organiser, appuyer ou nuancer mes propos : *tout d'abord, ensuite, de plus, néanmoins, toutefois …*

Conclusion

En conclusion, la puissance de l'UE tient à son économie très puissante et à son rayonnement culturel. Toutefois, l'UE ne dispose pas d'une voix politico-diplomatique unique sur la scène internationale et son ambitieux projet social est aujourd'hui de plus en plus contesté par les Européens.

Les étapes à suivre

1. **J'indique que je conclus par un mot connecteur.**
2. **Je résume les idées principales du devoir** en ne reprenant que les arguments (jamais d'exemples).

Je m'exerce et je manipule

COMPÉTENCE 9 Je rédige un développement construit — HISTOIRE

EXERCICE 1 ★ Thème 1.1 : Civils et militaires dans la Première Guerre mondiale

Complétez le brouillon de l'introduction afin de bien délimiter le sujet.

Sujet : Expliquez comment la guerre totale favorise le déclenchement de la révolution bolchevique en Russie à partir de 1917.

Définitions : ► Guerre totale : ....

► Révolution : ....

► Bolchevique : ....

Bornes chronologiques : Dates de la Première Guerre mondiale : ....

Bornes géographiques : Situer la Russie en Europe : ....

Contexte : ► La Russie appartient à la Triple Entente (dates et pays membres) : ....

....

► Régime politique de la Russie et nom du souverain : ....

....

Problématique : ► ....

....

EXERCICE 2 ★ Thème 1.2 : Démocraties fragilisées et expériences totalitaires dans l'Europe de l'entre-deux-guerres

Complétez l'introduction à l'aide des mots suivants

Europe – doctrine – totalitarisme – 1933 – Première Guerre mondiale – extrême-droite – URSS – nationalisme

Sujet : Quels sont les points communs entre le nazisme et le communisme stalinien ?

Le .... est un type de régime politique qui apparait en .... au lendemain de la .... En ...., le communisme stalinien se met en place à partir de 1924. C'est une .... qui vise à abolir les classes sociales dans la société (extrême-gauche). Le nazisme se met en place en Allemagne à partir de .... .Cette doctrine se fonde sur le .... du parti NSDAP dirigé par Hitler (..........). Quels sont les éléments communs de ces deux systèmes totalitaires ?

EXERCICE 3 ★★ Thème 1.3 : La Deuxième Guerre mondiale, une guerre d'anéantissement

Choisissez la problématique la plus adéquate.

Sujet : Expliquez le sort des populations juives et tziganes européennes lors de la Seconde Guerre mondiale.

- ❒ Pourquoi y a-t-il des Juifs et des Tziganes en Europe lors de la Seconde Guerre mondiale ?
- ❒ Quel sort est réservé aux Juifs et Tziganes entre 1939-1945 ?
- ❒ Que font les Juifs et les Tziganes en Europe lors de la Seconde Guerre mondiale ?
- ❒ En quoi peut-on parler d'un génocide à l'échelle européenne des minorités juives et tziganes ?

Domaines 1, 2 et 4
- Se repérer dans le temps : construire des repères historiques
- Raisonner, justifier une démarche et les choix effectués
- Pratiquer différents langages en histoire et en géographie

EXERCICE 4 ★★ Thème 2.4 : Enjeux et conflits dans le monde après 1989

Reliez les arguments à leurs exemples.

Sujet : Quels sont les enjeux mondiaux depuis 1989 ?

Enjeux politiques •

Enjeux économiques •

Enjeux militaires •

- Guerre asymétrique/terrorisme
- Donner un nouveau rôle de régulateur international de l'ONU : vers une gouvernance concertée
- Les États-Unis, « Gendarmes du monde » : flotte étasunienne présente sur tous les océans navigables et bases militaires installées sur tous les continents habités
- Contestation de l'interventionnisme des États-Unis (guerres du Golfe)
- Monde unipolaire autour des États-Unis dans les années 1990
- Construction européenne approfondie depuis 1992 : l'Euro/Schengen
- Insertion des BRICS dans la mondialisation, Chine future 1ère puissance économique mondiale, devant les États-Unis.

EXERCICE 5 ★★★ Thème 3.1 : 1944-1947 : refonder la République, redéfinir la démocratie

Rédigez le premier paragraphe du développement à l'aide des informations ci-dessous.

Argument : mise en place d'une « démocratie sociale ».
Exemples : État-Providence, droit de vote des femmes en 1944, mise en place d'une sécurité sociale.

Sujet : Montrez que le GPRF permet une modernisation de la République.

....
....
....
....
....
....

EXERCICE 6 ★★★ Thème 3.3 : Femmes et hommes dans la société des années 1950 aux années 1980 : nouveaux enjeux sociaux et culturels, réponses politiques

Rédigez la conclusion en vous aidant du plan indiqué.

Sujet : Expliquez les réponses politiques aux évolutions sociales et culturelles en France des années 1950 aux années 1980.

I. L'État prend des mesures concrètes → ex. : appel à l'immigration, mise en place du SMIG

II. Les lois permettent des évolutions sociales → ex. : loi sur la contraception, loi sur l'IVG, abolition de la peine de mort, abaissement du temps de travail hebdomadaire de 40 h à 39 h

III. L'État mène une politique d'aménagement du territoire → ex. : les grands ensembles remplacent les bidonvilles, stations intégrées, centres culturels.

....
....
....
....
....
....

Je m'exerce et je manipule

COMPÉTENCE 9 — Je rédige un développement construit — GÉOGRAPHIE

EXERCICE 1 ★ Thème 1.2 : Les espaces productifs et leurs évolutions

Les phrases de cette introduction sont mélangées. Réécrivez-les dans le bon ordre.

Sujet : Expliquez les dynamiques des espaces industriels en France.

Peut-on parler d'une « Sun Belt » à la française, un nouveau type d'espace industriel ? Bien qu'en profonde restructuration, le secteur industriel français reste très compétitif : la France est aujourd'hui encore la 5e puissance industrielle mondiale. C'est désormais vers les hautes technologies (pharmaceutique, aéronautique, etc.) que les industries françaises sont tournées. Le secteur secondaire (production de produits manufacturés dans des usines) ainsi que le paysage industriel sont profondément transformés depuis les années 1950.

....

....

....

....

....

EXERCICE 2 ★ Thème 1.2 : Les espaces productifs et leurs évolutions

Identifiez les erreurs et les maladresses dans cette introduction et réécrivez-la.

Sujet : Présentez les atouts et les contraintes d'un espace touristique.

Le tourisme c'est quand il y a des touristes, il y en a plein en région PACA. Les atouts c'est qu'il y a le climat méditerranéen et des parcs nationaux qui protègent la nature et les animaux, les contraintes c'est surtout la pollution des yeux visuelle et environnementale. Comment y a-t-il du tourisme en région PACA ?

....

....

....

....

EXERCICE 3 ★★★ Thème 1.1 : Les aires urbaines, une nouvelle géographie d'une France mondialisée

Rédigez le premier paragraphe du développement en utilisant les informations ci-dessous.

Argument : processus de périurbanisation depuis 40 ans, étalement du monde urbain sur le monde rural.
Exemple : l'aire urbaine de votre région, avec la ville-centre et les nouvelles communes périurbaines.
Comme les communes de Drap ou Colomars dans l'aire urbaine niçoise.

Sujet : Expliquez les transformations des urbains espaces en France.

....

....

....

....

....

....

....

Domaines 1, 2 et 4
- Se repérer dans le temps : construire des repères historiques
- Raisonner, justifier une démarche et les choix effectués
- Pratiquer différents langages en histoire et en géographie

• **Repérez les erreurs dans le second paragraphe rédigé ci-dessous et proposez une réécriture.**

Par exemple, je peux dire qu'en fait il y a des guerres d'usage. Dans la région PACA, au parc du Mercantour, le tourisme, les agriculteurs, les écolo sont en guerre. De plus, les espaces ruraux ne sont plus que pour faire pousser des carottes : ben oui, ya des maisons, des champs agricoles des usines ou centres commerciaux. Je peux dire que la périurbanisation c'est quand on voit l'horloge pendulaire. La campagne maintenant, c'est plus ringard comme avant, les villes y habitent pour ne plus entendre le klaxon et pour faire de la rando ! C'est bien.

....

....

....

....

....

....

....

....

EXERCICE 4 ★★★ Thème 2.1 : Aménager pour répondre aux inégalités croissantes entre territoires français, à toutes les échelles

À l'aide de cette conclusion, retrouvez le plan utilisé dans le développement construit.

Sujet : Montrez que Paris est une ville-monde.

En conclusion, nous avons vu que Paris est une ville-monde car elle en a les caractéristiques.
Elle concentre de nombreuses fonctions de commandement (politico-diplomatique et économique) et des fonctions touristiques et culturelles. Elle est aussi une des villes les plus accessibles au monde. Enfin, elle continue de densifier ses aménagements (transports notamment) pour rester compétitive.

Plan :

I. ....

II. ....

III. ....

EXERCICE 5 ★ Thème 1.2 : Les espaces productifs et leurs évolutions

Identifiez les erreurs dans cette conclusion et proposez une réécriture.

Sujet : Décrivez et expliquez l'organisation des réseaux de transport en France.

Les transports c'est pour les mobilités. Par exemple, j'ai expliqué qu'il y a de nombreux projets d'extension de LGV comme Paris-Nice. Il y a des ports aussi comme Le Havre, Marseille et Saint-Nazaire : c'est pour les bateaux. Et les routes relient la France aux pays limitrophes.

....

....

....

....

....

....

....

....

Je m'exerce et je valide la compétence

COMPÉTENCE 9

Je rédige un développement construit

HISTOIRE

Thème 2.3 : Affirmation et mise en œuvre du projet européen

Sous la forme d'un développement construit d'une vingtaine de lignes, vous expliquerez les enjeux géopolitiques, économiques et sociaux de la construction européenne.

Parcours autonome

Si j'ai besoin d'aide, je m'appuie sur une des deux propositions suivantes. → **AIDE N°** ....

Aide 1

1. Je prépare le travail au brouillon.
2. Je rédige une introduction dans laquelle je présente ma problématique.
3. Je rédige mon développement : un argument suivi de son exemple par paragraphe.
4. Je rédige une conclusion.

Aide 2

Au brouillon

1. Je comprends le sujet : je définis « construction européenne », je note CECA, CEE et UE en indiquant leurs dates, j'indique l'importance du rapprochement franco-allemand.
2. Je structure mon devoir : je transforme le sujet en problématique et j'utilise le plan thématique donné dans le sujet : I. Enjeu géopolitique, II. Enjeu économique, III. Enjeu social. Je trouve des exemples pour chaque partie.

Introduction

3. J'introduis mon sujet : je donne la définition de « construction européenne », j'explique les rivalités franco-allemandes lors des guerres mondiales, je termine avec la problématique ; j'explique l'origine, au lendemain de la guerre, de la construction et ses acteurs.

Développement

4. J'argumente : chaque paragraphe commence par un mot connecteur et mon argument. Je donne des exemples : des évènements, des dates, des mesures pour illustrer (Affirmation européenne au sein d'un monde bipolaire ; Marché commun, zone euro, Schengen ; FEDER).

Conclusion

5. Je récapitule mes arguments.

Je m'évalue

- Très bonne maitrise (OR)
- Maitrise safisfaisante (ARGENT)
- Maitrise fragile (BRONZE)
- Maitrise insuffisante — Je recommence !

Domaines 1, 2 et 4
- Se repérer dans le temps : construire des repères historiques
- Raisonner, justifier une démarche et les choix effectués
- Pratiquer différents langages en histoire et en géographie

COMPÉTENCE 9

Je rédige un développement construit

GÉOGRAPHIE

Thème 1.1 : Les aires urbaines, une nouvelle géographie de la France mondialisée

Sous la forme d'un développement construit d'une vingtaine de lignes et en vous appuyant sur un ou des exemples d'aires urbaines étudiés en classe, décrivez les espaces et les dynamiques des villes françaises.

Parcours autonome

....

....

....

....

....

....

....

....

....

....

....

....

....

....

....

....

....

....

....

....

....

Si j'ai besoin d'aide, je m'appuie sur une des deux propositions suivantes. → AIDE N° ....

Aide 1

1. Je prépare le travail au brouillon.
2. Je rédige une introduction dans laquelle je présente ma problématique.
3. Je rédige mon développement : un argument suivi de son exemple par paragraphe.
4. Je rédige une conclusion.

Aide 2

Au brouillon

1. Je comprends le sujet : je définis « aire urbaine », j'explique le contexte en définissant « métropolisation », je choisis une aire urbaine étudiée en classe.
2. Je structure mon devoir : je transforme le sujet en problématique et je choisis un plan en mettant en avant mes arguments, puis des exemples.

Introduction

3. J'introduis mon sujet : je définis « aire urbaine », j'explique le contexte géographique, je termine avec la problématique.

Développement

4. J'argumente : chaque paragraphe commence par un mot connecteur et mon argument. J'indique des lieux précis, des statistiques pour montrer leurs évolutions et illustrer mon argument.

Conclusion

5. Je récapitule mes arguments.

Je m'évalue

Très bonne maitrise	OR
Maitrise safisfaisante	ARGENT
Maitrise fragile	BRONZE
Maitrise insuffisante	Je recommence !

Domaines 1, 2 et 5
- Se repérer dans le temps : construire des repères historiques
- Analyser et comprendre un document

COMPÉTENCE 10

Je confronte des documents, j'émets des hypothèses

Thème 2.2 : Un monde bipolaire au temps de la Guerre froide

Consigne : En vous appuyant sur les documents et vos connaissances, définissez l'expression « rideau de fer » pendant la Guerre froide.

DOCUMENT 1 Le discours de Fulton

« J'ai beaucoup d'admiration et d'amitié pour le vaillant peuple russe et mon camarade de combat, le maréchal Staline. Il existe en Grande-Bretagne – et je n'en doute pas, ici également – beaucoup de sympathie et de bonne volonté à l'égard des peuples de toutes les Russies, et une détermination à persévérer à établir, malgré différences et querelles, une amitié durable. [...]

Il est cependant de mon devoir de vous exposer certains faits concernant la situation présente en Europe. De Stettin, dans la Baltique, à Trieste, dans l'Adriatique, un rideau de fer est descendu à travers le continent. Derrière cette ligne se trouvent les capitales de tous les pays de l'Europe orientale : Varsovie, Berlin, Prague, Vienne, Budapest, Belgrade, Bucarest et Sofia. Toutes ces villes célèbres, toutes ces nations se trouvent dans la sphère soviétique, et toutes sont soumises, sous une forme ou sous une autre, non seulement à l'influence soviétique, mais encore au contrôle très étendu et constamment croissant de Moscou. [...]

Les communistes, qui étaient plus faibles dans tous ces pays de l'Est européen, [...] cherchent partout à s'emparer d'un contrôle totalitaire. Sauf en Tchécoslovaquie, il n'existe pas, dans cette partie de l'Europe, de vraie démocratie. »

Winston CHURCHILL, *Discours prononcé à l'Université de Fulton* (États-Unis), mars 1946.
Winston Churchill a été premier ministre britannique de 1940 à 1945.

DOCUMENT 2

La division de l'Europe en blocs à la fin des années 1940

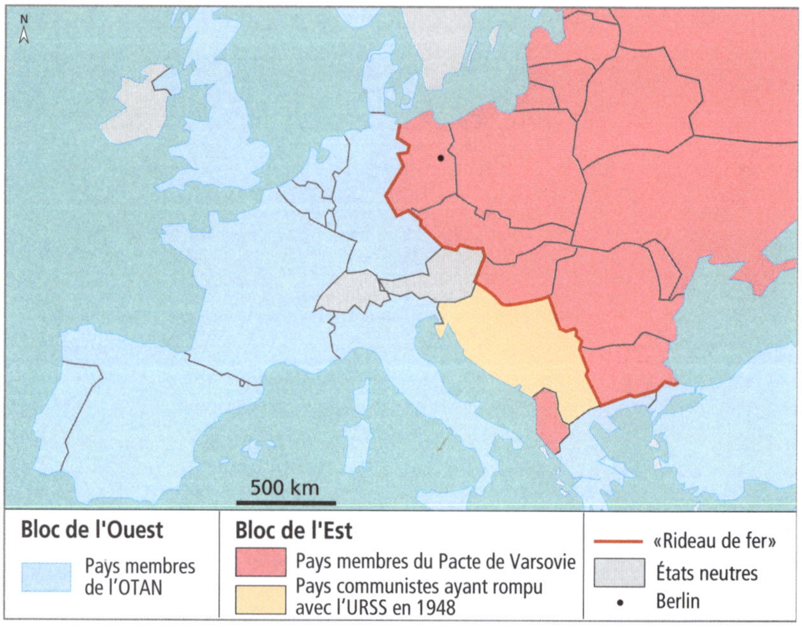

DOCUMENT 3

La construction du mur séparant la RDA et la RFA en 1961

Avant 1961, il existe des contrôles aux frontières mais de nombreuses personnes vivant dans le bloc soviétique utilisent l'enclave de Berlin-Ouest pour passer du côté occidental. Le mur construit en 1961 en plein cœur de Berlin matérialise la frontière devenue hermétique entre les 2 blocs, et interdit la circulation des Républiques satellites vers l'Ouest.

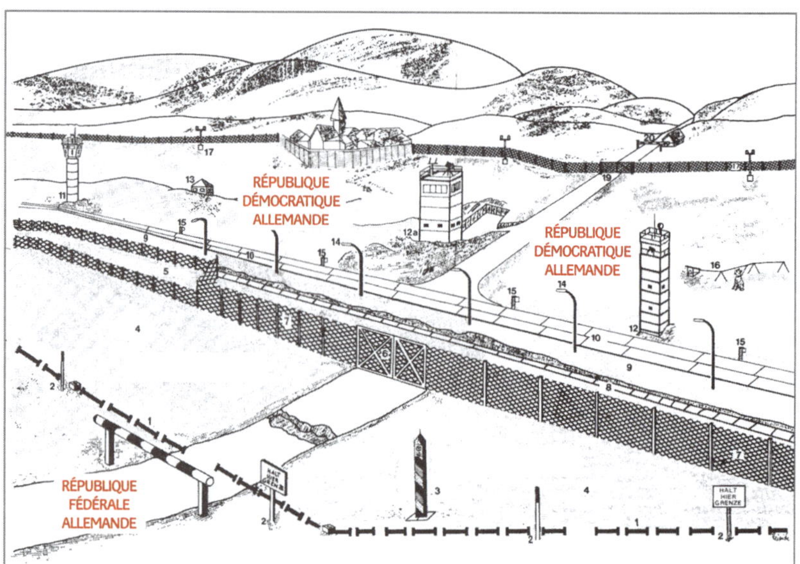

- Pratiquer différents langages en histoire et en géographie
- Raisonner, justifier une démarche et les choix effectués

Je complète le brouillon ci-dessous en suivant les étapes.

Mes notes au brouillon

Définition de la Guerre froide : ....
....
....
....

DOCUMENT 1 Présentation

- Auteur : ....
- Date : ....
- Titre : ....
- Nature : ....
- Idée principale : ....

....

> Hypothèse de départ : Le « rideau de fer ». séparation par des barbelés infranchissables entre deux parties de l'Europe, orientale et occidentale.

DOCUMENT 2

- Titre : ....
- Date : ....
- Idée principale : ....

....

DOCUMENT 3

- Date : ....
- Nature : ....
- Idée principale : ....

....

> Hypothèses : définition du rideau de fer pendant la Guerre froide

Hypothèse de départ	Hypothèse après à la confrontation des documents 1 et 2	Hypothèse après la confrontation des documents 1, 2 et 3
Le « rideau de fer » : séparation par des barbelés infranchissables entre deux parties de l'Europe, orientale et occidentale.	Mon hypothèse de départ est pertinente : le « rideau de fer » est bien une séparation de l'Europe en deux, mais je peux la préciser en ajoutant qu'il existe deux blocs, un à l'Est et l'autre à l'Ouest, chacun appartenant à des alliances militaires (OTAN, Pacte de Varsovie).	Mon hypothèse initiale doit être enrichie car à l'époque de Churchill, il n'existe pas encore de barbelés, de frontières infranchissables ; les frontières sont encore plutôt ouvertes. Quand Churchill emploie cette expression, elle est plutôt imagée. Le « rideau de fer » infranchissable est construit plus tard : le mur de Berlin en 1961.

Les étapes à suivre

1. **Je lis le sujet** plusieurs fois. **Je définis les termes** du sujet.
2. **Je lis le premier document (dates, évènements, idées), puis je le présente.**
3. **Je relève des informations dans le document 1 pour émettre une hypothèse.**
4. **Je lis et je présente les autres documents.**

Aide
Pour répondre à un sujet, j'essaie de trouver seul le sens du document et la réponse à la question. Je ne suis pas obligé de donner une bonne réponse tout de suite. Je vais émettre une **hypothèse** !

5. **Je vérifie mon hypothèse en confrontant les documents entre eux :**
   - je recoupe des informations : les documents donnent-ils les mêmes informations ?
   - je compare, j'ajoute de nouvelles informations à celles que je possède.
   - j'évalue mon hypothèse de départ : juste ? fausse ? Doit-elle être modifiée ? enrichie ?
   - Je vérifie ma réponse finale. Ma réponse se confirme-t-elle quand je lis les trois documents ? Si un des documents contredit ma réponse, je la rectifie.

Réponse possible

Winston Churchill est un des premiers à utiliser l'expression « rideau de fer » en 1946. Il s'agit alors d'une frontière entre le bloc de l'Est et un bloc de l'Ouest, née à la fin des années 1940 suite à la Deuxième Guerre mondiale et à la Guerre froide qui oppose États-unis et URSS.
Plus tard, cette frontière devient quasiment infranchissable avec la construction d'ouvrages (mur, miradors, barbelés...) en 1961 pour empêcher la fuite des Allemands de l'Est vers l'Ouest. Elle s'est généralisée ensuite à toute l'Europe, créant concrètement le « rideau de fer » évoqué par Churchill.

Je m'exerce et je valide la compétence

COMPÉTENCE 10

Je confronte des documents, j'émets des hypothèses

GÉOGRAPHIE

Thème 1.3 : Les espaces de faible densité et leurs atouts

Question : Comment peut-on expliquer l'inégalité des régions françaises face au chômage ?

DOCUMENT 1 Taux de chômage et évolution dans les régions françaises 2008-2014

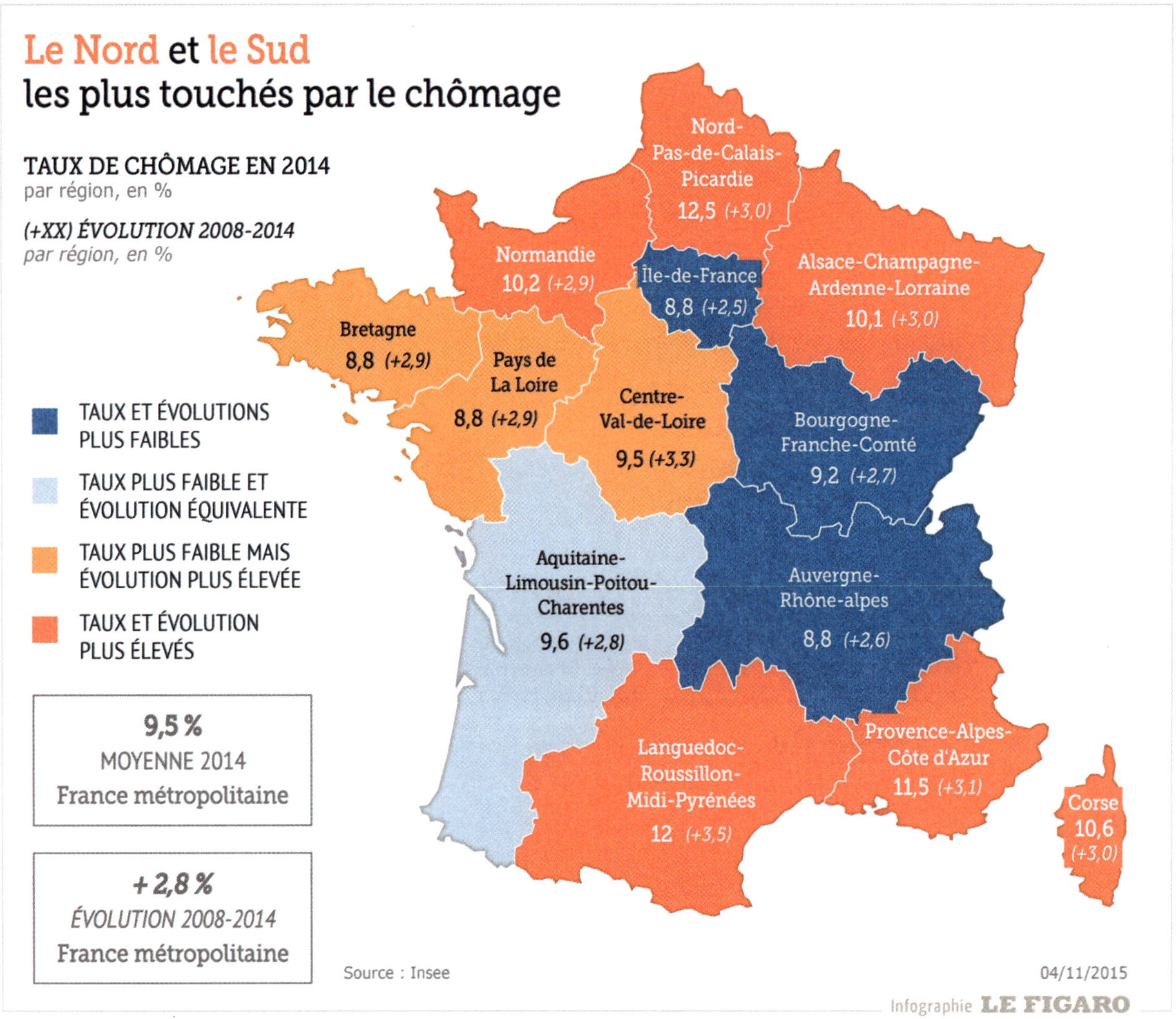

Sur ce document, montrez les inégalités des taux de chômage en France, selon les régions, en vous appuyant sur des exemples. Émettez une hypothèse pour expliquer ces taux de chômage différents selon les régions.

Parcours autonome

....

....

....

....

....

....

....

....

....

....

....

Domaines 1, 2 et 5
- Se repérer dans le temps : construire des repères historiques
- Analyser et comprendre un document

DOCUMENT 2 Le chômage dans la région Nord-Pas de Calais

En effet, les secteurs de l'industrie et de la construction, plus souvent occupés par les hommes, ont davantage subi la crise. Par ailleurs, plus encore qu'en moyenne nationale, les jeunes de 15 à 24 ans du Nord-Pas-de-Calais-Picardie sont plus souvent au chômage. Ainsi, en 2014, près d'un jeune actif sur trois est sans emploi dans la région, contre près d'un sur quatre en France métropolitaine.

Source : INSEE.

DOCUMENT 3 Le taux de chômage des jeunes en Ile-de-France

Quoiqu'il en soit, l'Ile-de-France est relativement épargnée par la dégradation du taux de chômage des jeunes comparativement à la province ; elle est même la région qui souffre le moins. En effet, en 2013, l'Ile-de-France faisait partie des trois seules régions françaises dont le taux de chômage des 15-24 ans était sous le seuil des 20,0 % [...]

Cette résilience de l'Ile-de-France comparativement aux autres régions s'explique notamment par sa forte tertiarisation. En effet, la récession de 2008-2009 et la crise ont particulièrement affecté l'industrie et les emplois manufacturiers ; ainsi, toutes générations confondues, moins d'emplois ont été détruits en Ile-de-France qu'en province. Autre raison justifiant cette moindre hausse du taux de chômage des jeunes : un effet « qualification » : les jeunes sont plus qualifiés en Ile-de-France que dans les autres régions. Ainsi, alors que les Franciliens âgés de 15 à 24 ans ne représentent que 19,6 % de la population française de cette tranche d'âge, ils pèsent pour 27,1 % des effectifs de l'enseignement supérieur, pour 33,3 % de ceux des écoles de commerce, etc.

Le PRIOL Mickaël, *Enjeux Ile de France*, centre régional d'observation du commerce, de l'industrie et des services, 2014.

Lisez les documents 2 et 3 et indiquez si votre hypothèse était juste. En citant les documents, donnez une explication aux inégalités de chômage en France.

Parcours autonome

Si j'ai besoin d'aide, je m'appuie sur une des deux propositions suivantes. **→ AIDE N°** ....

Aide 1

1. Je lis le sujet plusieurs fois. Je définis les termes du sujet.
2. Je lis le premier document, puis je le présente.
3. Je prélève des informations dans le doc. 1 pour émettre une hypothèse.
4. Je lis et je présente les autres documents. J'en retire des informations.
5. Je vérifie mon hypothèse en confrontant les documents entre eux : je recoupe des informations.
6. Je vérifie ma réponse.

Aide 2

1. Je repère des mots-clés dans le sujet : inégalités, chômage, régions. Je les définis.
2. Le doc. 1 permet de classer et hiérarchiser des régions selon leur taux de chômage. Par exemple : taux bas : Ile-de-France / taux élevés : Nord-Pas-de-Calais-Picardie. On peut émettre une hypothèse (juste ou fausse) à partir de connaissances personnelles: le taux de chômage est faible en Ile-de-France car il y a beaucoup de jeunes ? Il est haut en Nord-Pas-de-Calais-Picardie car c'est une ancienne région industrielle ?
3. Je cherche, surligne et prélève des informations dans les autres documents.
   Doc. 2 : Quel secteur d'activité est le plus touché par le chômage ?
   Doc. 3 : Quel secteur d'activité est prépondérant ?
4. À partir de ces informations, je vérifie, je modifie et j'enrichis ma réponse.

Je m'évalue

- **Très bonne maitrise** (OR)
- **Maitrise safisfaisante** (ARGENT)
- **Maitrise fragile** (BRONZE)
- Je recommence ! **Maitrise insuffisante**

Je m'approprie la méthode

Domaines 1, 2 et 5
- Se repérer dans le temps : construire des repères historiques
- Analyser et comprendre un document

COMPÉTENCE 11

Je réalise une tâche complexe

Étape 1. Je lis le sujet et les documents.

Je surligne les mots-clés (date, lieu, etc.) et les informations scientifiques dans les documents.

Thème 1.1 : Civils et militaires dans la Première Guerre mondiale

Scénario : Vous êtes un soldat durant la Première Guerre mondiale (1914-1918). Vous tenez un journal pour raconter vos conditions de vie au front.

DOCUMENT 1

La guerre était toujours présente, les soldats l'affrontaient non seulement dans les assauts mais encore dans le *no man's land*[1] et jusque dans les tranchées. Les cadavres à l'abandon leur servaient d'appui pour leurs armes ou de repères quand ils devaient retrouver leur chemin... La camaraderie unissait les hommes d'un même peloton, qui partageaient tout et étaient dépendants les uns des autres pour survivre.

George MOSSE, *De la Grande Guerre au totalitarisme – La Brutalisation des sociétés européennes*, © Pluriel, 1999.

1. *No man's land :* portion de terrain entre deux armées où tout est détruit.

DOCUMENT 2

Les militaires, et particulièrement les psychiatres militaires, ont reconnu et décrit un phénomène. Il s'agit de la capacité développée par de nombreux combattants de se transformer en être dépourvus de sensibilité et d'émotivité pour tuer l'ennemi qui est déshumanisé[1].

[...] Certains pensent qu'ils sont invulnérables, voire immortels... Certains n'arrivent pas à se muer en êtres insensibles et sombrent dans la folie, ils sont considérés comme lâches et simulateurs. Les psychiatres torturent à l'électricité les malades de la guerre.

[La violence de la guerre est aussi] subie au travers de la discipline imposée aux soldats. Le capitaine Castex témoigne : « on met les gradés en arrière pour fusiller au besoin ceux qui voudraient se défiler, c'est ce qu'il faut faire ».

ROUSSEAU F., *Guerres, Paix et Sociétés 1911-1946*, © Atlande, 2004.

1. *Déshumanisé :* que l'on ne considère plus comme un être humain.

DOCUMENT 3

Des morts plein les routes jusqu'à 7 kilomètres à l'arrière. Les convois passent dessus, les écrasent et les embourbent et les shrapnels[1] gros comme des noix pleuvent sans arrêt. Notre tranchée n'est qu'un modeste fossé creusé à la hâte. Nous y restons tapis en attendant que les boches attaquent. Le 27 au soir nous contre-attaquons à la nuit tombante. Nous avançons sous un feu d'enfer, toutes les figures me semblent avoir des expressions extraordinaires. Personne ne semble avoir peur, car chacun sait ce qui l'attend. On n'entend que le crépitement de la fusillade, les éclatements des obus, et les cris étouffés de ceux qui sont frappés.

Armand DUPUIS, 27 février 1916, *Lettre extraite du cahier de M. Dupuis*, instituteur à Cellefrouin (Archives départementales de la Charente).

1. *Shrapnels :* obus.

DOCUMENT 4

Tranchées en France pendant la Première Guerre mondiale.

Mes notes au brouillon

DOCUMENT 1 Conditions de vie des soldats difficiles, cadavres dans le no man's land (l'espace qui sépare les tranchées adverses) qu'il faut traverser lors des assauts, cadavres dans les tranchées. Soutien entre soldat : liens de camaraderie.

DOCUMENT 2 Pression des supérieurs sur les soldats ; Disicipline ; déshumanisation des soldats qui tuent sans y penser ; folie de ceux qui refusent de devoir tuer ; maltraitance.

DOCUMENT 3 Témoignage d'un soldat : cadavres, obus (shrapnels), tranchées creusées rapidement sans confort, bruit et cris.

DOCUMENT 4 Photo d'une tranchée avec des soldats qui attendent pour charger. Conditions de vie désastreuses : boue, rats, bruits, etc.

• Pratiquer différents langages en histoire et en géographie
• Réaliser une tâche complexe
• Raisonner, justifier une démarche et les choix effectués

Étape 2. Je prépare mon récit

Je souligne dans la copie ci-dessous les éléments en suivant le code couleurs indiqué dans les étapes.

Mon personnage
• un soldat aussi nommé « Poilu »

Mes idées pour raconter
• Je raconte ma vie au front durant la Première Guerre mondiale.
• Ce qui me marque le plus : les morts, les tranchées → je décris
• Je raconte les horreurs de cette vie (boue, cadavres...).
• Je parle des moyens de tenir pour ne pas devenir fou, de mes camarades de tranchée.
• Face à ces conditions désastreuses, je dis que j'en ai assez et que je veux rentrer.

Aide
Pour rendre mon récit plus vivant, j'essaie d'imaginer une anecdote (une petite histoire).

Les étapes à suivre

1 **J'invente un personnage** qui s'inspire d'un acteur de l'Histoire ayant existé.

2 **Je prépare la structure de mon récit** : je détermine une situation initiale (situation de départ, stable), un élément perturbateur (qui engendre des péripéties), le déroulement (les péripéties) et la situation finale.

Étape 3. Je rédige ma réponse.

Je souligne dans la copie ci-dessous les éléments en suivant le code couleurs indiqué dans les étapes.

Réponse possible

20 février 1916

Je vis dans la guerre depuis des années. J'ai envie d'écrire ce que je ressens.

Au front, je vis dans une tranchée depuis plusieurs jours, dans ce trou immense que nous creusons dans le sol gorgé d'eau pour nous protéger. Nous vivons ainsi dans la boue qui est partout sur nos habits et sur notre corps. Je souffre du froid, de la faim, j'ai peur.

Ensuite, ensuite... il y a les morts encore des morts, les odeurs de cadavres sont atroces. Chaque jour nous recevons des tonnes d'obus, des schrapnels dans un fracas d'explosion, ce bruit rend fou ! Ces boches nous canardent régulièrement, je les déteste ! Et même si j'ai du mal à tuer, je me dis qu'ils méritent ce qu'ils ont !

Je veux maintenant parler de mes amis. Ceux qui sont partis avec moi au début de la guerre sont presque tous morts. J'ai dû vivre près de leurs cadavres pendant plusieurs jours car on ne pouvait pas les évacuer. Et puis d'autres sont maintenant devenus insensibles à tout, ils tuent comme si nos ennemis n'étaient pas humains. C'est effrayant. J'ai vu l'autre jour un soldat devenu fou ! Mais personne ne semblait le croire ; les médecins et les officiers le traitaient de lâche ! Moi je tue mais je n'arrive pas à m'y habituer, je me contente de faire mon devoir. Dans toute cette horreur il me reste heureusement la camaraderie qui m'aide à tenir encore : mon ami Gaston partage avec moi le vin que nous avons en quantité et... ses colis remplis de nourriture, venant de sa femme !

Pour finir, quelques mots sur nos chefs... Ils nous obligent chaque jour à respecter une discipline de fer, je supporte cela de plus en plus mal. Ils ont même tiré sur mon ami Marcel qui refusait d'aller au combat et de se lancer dans le no man's land, ce lieu de barbelés et de désolation.

Voilà la guerre telle que je la vis, le sang, l'horreur, et je n'ai qu'une envie : Survivre ! Rentrer chez moi et tout oublier.

Les étapes à suivre

1 **J'introduis le contexte.**

2 **Je fais des paragraphes :** je commence par le **thème**, sujet de mon paragraphe. Dans chaque paragraphe, je développe une grande idée.

3 **J'utilise des mots connecteurs** qui marquent les étapes, les ruptures, les changements : *enfin*, *ainsi*, *par la suite*, *ensuite*, *puis*, *alors*, *car*, *donc*, etc.

4 **J'apporte des connaissances** issues des documents, cours, etc. : j'y relève des mots de vocabulaire, des notions que je fais apparaitre dans mon récit : je fais des choix en fonction du sujet donné. Ces mots permettent de montrer que j'ai utilisé mes connaissances pour construire mon récit, tout en inventant une histoire.

Attention à ne pas faire d'anachronismes (par exemple, pendant la Guerre de 1914-1918 je ne parle pas d'ordinateur ni de téléphone portable...).

Je m'exerce et je valide la compétence

COMPÉTENCE 11

Je réalise une tâche complexe

HISTOIRE

Thème 2.4 : Enjeux et conflits dans le monde après 1989

EMC : Connaitre les grands principes qui régissent la Défense nationale

Scénario : Vous êtes un représentant de l'ONU qui vient faire une conférence devant les élèves de 3e d'un collège pour expliquer pourquoi l'ONU intervient dans des régions du monde en conflit. Vous prenez l'exemple de la Bosnie-Herzégovine.

DOCUMENT 1 Présentation de la Bosnie-Herzégovine

Capitale : Sarajevo
Population : 3,4 millions d'hab.
Composition ethnique et confessionnelle :
Musulmans : 43,7 %
Serbes (chrétiens orthodoxes) : 31,3 %
Croates (chrétiens catholiques) : 17,3 %

DOCUMENT 2 Quelques dates

- **Historique de la Bosnie-Herzégovine**

1918 : Création du royaume de Yougoslavie.
1945 : La Yougoslavie devient communiste.
1991 : La Yougoslavie se divise : Serbie, Croatie, Slovénie deviennent indépendants.
1992 : La Bosnie-Herzégovine se déclare indépendante. Une guerre commence entre les communautés serbes, croates et musulmanes. Les Serbes veulent leur propre État et attaquent la capitale Sarajevo pour faire céder le gouvernement. Les Serbes pratiquent le nettoyage ethnique et assassinent 200 000 Croates et Musulmans. Les autres communautés commettent aussi des crimes.

- **L'intervention de l'ONU en Bosnie-Herzégovine**

1992 : L'ONU envoie des soldats s'interposer entre les communautés pour empêcher les conflits.
1995 : L'ONU, avec l'aide de l'OTAN, décide d'une intervention armée avec bombardements des Serbes.
1995 : Accord de Dayton, fin du conflit (environ 97 000 morts), création de deux États : la Fédération croato-bosniaque (51 % du territoire) et la République serbe (49 % du territoire).

DOCUMENT 3 Les interventions de l'ONU dans la charte des Nations-Unies

Dans son **Article 41**, la Charte des Nations-Unies autorise des « mesures n'impliquant pas l'emploi de la force armée » comme « l'interruption complète ou partielle des relations économiques et des communications […] ainsi que la rupture des relations diplomatiques. »

Article 42

« Si le Conseil de sécurité estime que les mesures prévues à l'**Article 41** seraient inadéquates ou qu'elles se sont révélées telles, il peut entreprendre, au moyen de forces aériennes, navales ou terrestres, toute action qu'il juge nécessaire au maintien ou au rétablissement de la paix et de la sécurité internationales. »

DOCUMENT 4 L'exceptionnelle implication de la France dans le conflit bosniaque

Placées sous l'autorité de l'ONU, avec pour objectifs exclusifs de s'interposer entre les belligérants, de faciliter l'aide humanitaire et de créer les conditions d'un dialogue politique, les contingents français constatèrent très tôt les limites d'une telle mission. Ligotés par les consignes de neutralité, […] ils ne purent ni éviter les humiliations imposées par les belligérants, ni protéger les populations civiles […].
[Mais] il est incontestable que l'intervention des troupes françaises a été opportune et utile à un endroit-clé comme Sarajevo, où elle a permis la suspension des bombardements de février 1994 à avril 1995, ce qui s'est traduit pour les habitants assiégés par le retour de l'eau et de l'électricité, l'ouverture des routes dites bleues, et la reprise du trafic des tramways.

Jean-François SOULET, le 16 septembre 2012, www.diploweb.com/France-en-Bosnie-1992-1995.

Domaine 1, 2 et 5

- Se repérer dans le temps : construire des repères historiques
- Analyser et comprendre un document
- Pratiquer différents langages en histoire et en géographie
- Réaliser une tâche complexe

Rédigez votre intervention. **Parcours autonome**

Si j'ai besoin d'aide, je m'appuie sur une des deux propositions suivantes. **→ AIDE N°** ....

Aide 1

1. Je lis le sujet. Je repère des mots-clés : date, lieu, etc. pour comprendre le sujet.
2. Je prélève des informations dans les documents, je réunis des connaissances.
3. Je prépare la structure de mon intervention.
4. Je rédige une introduction, des paragraphes, une conclusion.
5. J'utilise des mots connecteurs.
6. J'apporte des connaissances dans mon récit.

Aide 2

1. Je lis le sujet et je repère quelques mots clés : ONU, conflit, Bosnie-Herzégovine. Je définis et utilise ces mots dans mon texte.
2. Je prélève des informations dans les documents : je les lis plusieurs fois puis je surligne les passages qui me semblent apporter des informations pour répondre au sujet.
3. Je prépare la structure de mon intervention et je rédige :
– une introduction : je présente l'ONU et son rôle. J'indique que je prendrais l'exemple de la Bosnie-Herzégovine ;
– un 1er paragraphe : je décris la situation de la région, j'en fais l'historique ; j'utilise des dates, je définis les problèmes entre ethnies ;
– un 2e paragraphe : j'explique pourquoi et comment l'ONU est intervenue (la manière d'agir de l'ONU, son intervention diplomatique et militaire). Je prends l'exemple de la France faisant partie des Casques bleus.
– une conclusion : j'indique comment s'est terminé ce conflit, son bilan.
J'utilise des mots connecteurs : *ainsi, par la suite, ensuite, puis, enfin, alors, car, donc*, etc.

Je m'évalue

- Très bonne maitrise (OR)
- Maitrise safisfaisante (ARGENT)
- Maitrise fragile (BRONZE)
- Maitrise insuffisante — Je recommence !

Je prépare le brevet

Exercice 2 • Maitriser différents langages pour raisonner

Compétence « Rédiger un développement construit »

▶ Méthode, p. 46

Thème 1.3 : La Deuxième Guerre mondiale, une guerre d'anéantissement

HISTOIRE

- Sous la forme d'un développement construit d'une vingtaine de lignes, montrez que la Deuxième Guerre mondiale est une guerre d'anéantissement.

Exercice 2 • Maitriser différents langages pour raisonner

Thème 2.2 : Les territoires ultra-marins français : une problématique spécifique

GÉOGRAPHIE

Compétence « Rédiger un développement construit »

▶ Méthode, p. 46

Sous la forme d'un développement construit d'une vingtaine de lignes et en vous appuyant sur des exemples précis, décrivez les spécificités des territoires ultra-marins français et donnez des exemples d'aménagements réalisés dans ces espaces.

Je m'approprie la méthode

Domaines 1, 2 et 5
- Se repérer dans l'espace : construire des repères géographiques
  – *Nommer, localiser et caractériser un lieu dans un espace géographique*

COMPÉTENCE 12 Je localise et je situe à différentes échelles

Repères : Les différentes échelles

- Une échelle est une réduction de la réalité géographique : une distance réelle d'un point A à un point B sur Terre est rapportée pour « tenir » sur une carte.

Le symbole **100 km** permet ensuite de connaitre la distance exacte réelle : 1 cm sur la carte équivaut à 100 km dans la réalité.

- On distingue plusieurs échelles en géographie : mondiale, continentale, régionale, nationale, locale.

Définition

Une **analyse multiscalaire** est une analyse de cartes à plusieurs échelles. Pour mener cette analyse, je dispose de plusieurs cartes, à des échelles différentes, qui permettent de montrer qu'un processus géographique a un impact à différents niveaux.

Thème 2.1 : Aménager pour répondre aux inégalités croissantes entre territoires français, à toutes les échelles

Question : Pourquoi le choix de la ville de Metz pour l'aménagement d'un centre culturel est-il stratégique ?

DOCUMENT 1 Metz, ville en reconversion

▶ **ÉCHELLE LOCALE :** c'est une ville

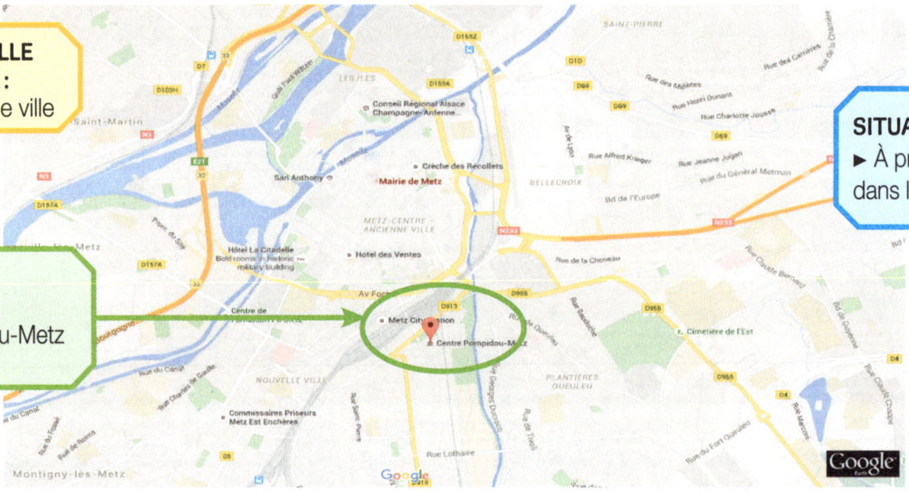

SITUATION
▶ À proximité de la gare, dans le centre-ville.

LOCALISATION :
▶ Centre Pompidou-Metz

DOCUMENT 2 Part de l'emploi lié au tourisme dans l'emploi total pour les régions de France métropolitaine

LOCALISATION
▶ Metz dans sa région : Alsace-Champagne-Ardenne-Lorraine.

SITUATION
▶ Au Nord-Est de la France, près de la frontière allemande.

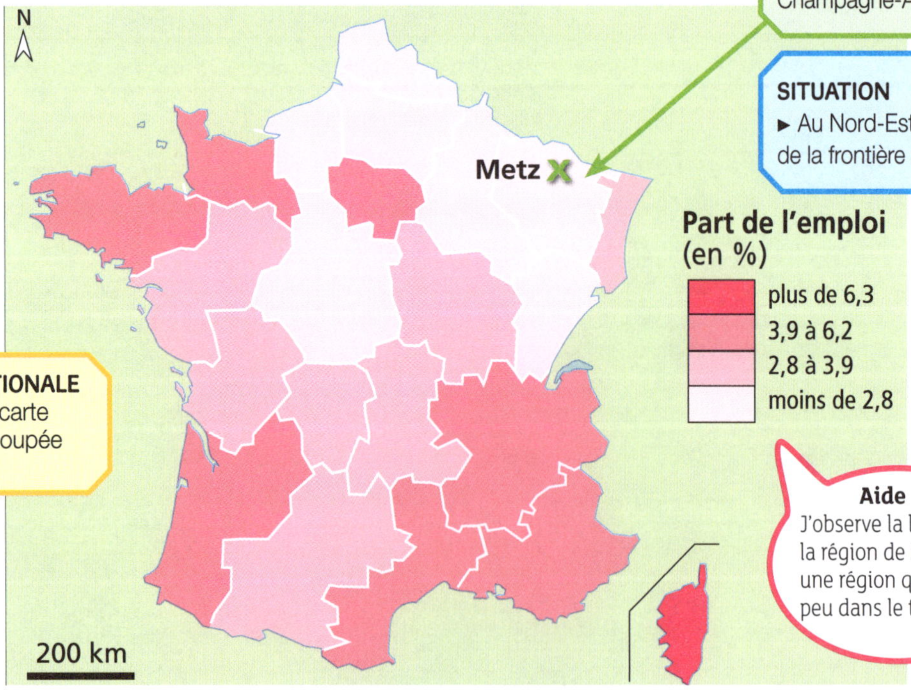

▶ **ÉCHELLES NATIONALE ET RÉGIONALE :** carte de la France, découpée en régions

Aide
J'observe la légende : la région de Metz est une région qui emploie peu dans le tourisme.

– Situer des lieux et des espaces les uns par rapport aux autres
– Utiliser des représentations analogiques et numériques des espaces à différentes échelles ainsi que différents modes de projection

DOCUMENT 3 Le réseau ferroviaire en Europe

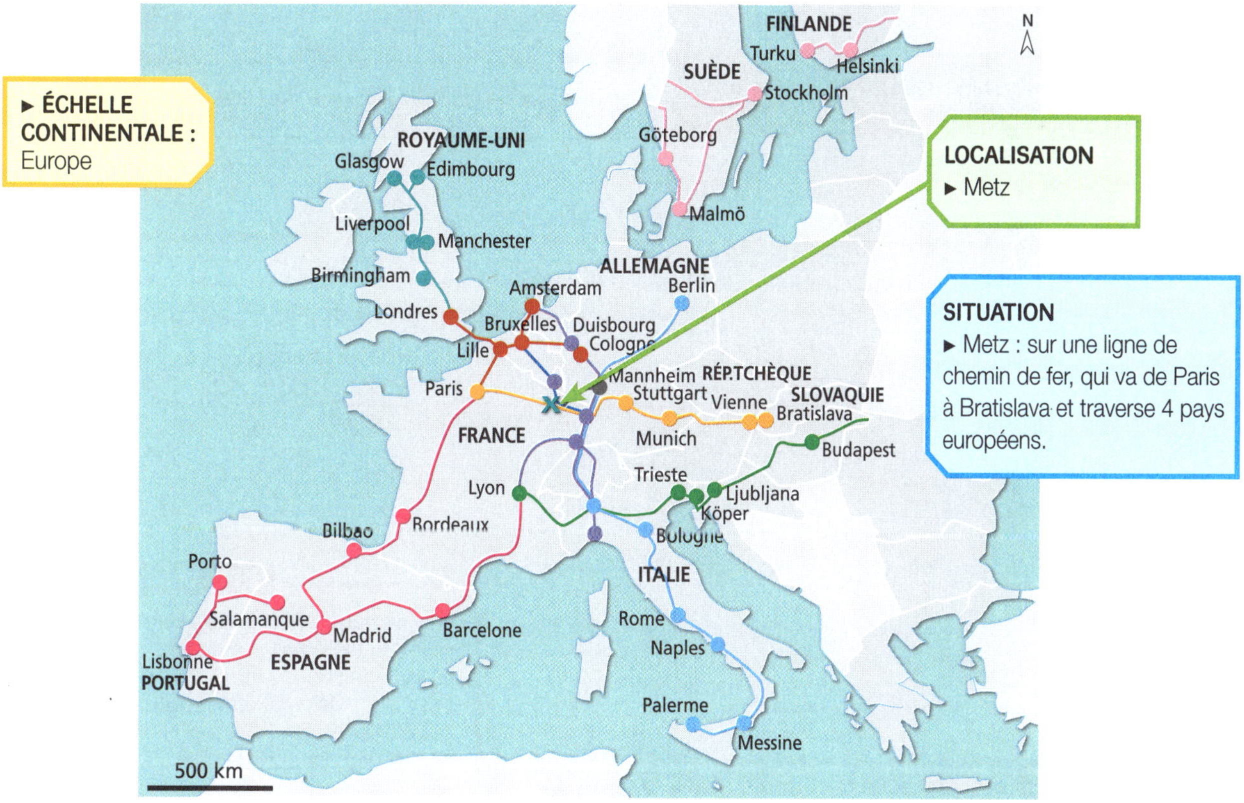

Réponse possible

À l'échelle nationale, la région de Metz (Alsace-Champagne-Ardenne-Lorraine) connaît une reconversion économique ; elle est très peu attractive au niveau touristique (moins de 2,8 % des emplois sont dans le tourisme, doc. 2). Pourtant, l'État a décidé de l'aménagement d'une succursale du centre (parisien) Georges Pompidou à Metz. À l'échelle locale, ce musée est situé en plein centre-ville, à proximité immédiate de la gare ferroviaire (doc. 1). **[Je présente]**

Ce choix est stratégique, car la ville de Metz est traversée par une ligne de chemin de fer reliant, à l'échelle européenne, quatre pays (France, Allemagne, Autriche, Slovaquie).
Il s'agit donc de dynamiser le tourisme à toutes les échelles. **[Je réponds au sujet]**

Je travaille en autonomie

Je fais une recherche sur le centre Pompidou-Paris.

1. Où est-il situé (quartier, ville, région) ?

....

2. Qu'est-ce que le centre Pompidou-Paris ?

....

3. Quelle est sa date d'ouverture ?

....

4. Qui est l'acteur principal de l'ouverture de ce centre ?

....

5. Pourquoi est-ce un centre « novateur » à son époque ?

....

Je m'approprie la méthode

Domaines 1, 2 et 4
- Se repérer dans l'espace : construire des repères géographiques

COMPÉTENCE 13

Je maitrise différentes projections

Thème 2.2 : Les territoires ultra-marins français : une problématique spécifique

Consigne : Localisez la Nouvelle-Calédonie sur les 3 cartes.

Les étapes à suivre

Pour se repérer sur une carte, il faut :

1. **Identifier l'orientation :** N.

2. **Localiser le continent africain.**
L'Afrique est facilement reconnaissable à sa forme conique et à son ile Madagascar.

Je sais alors que l'Amérique est à l'Ouest de l'Afrique, l'Europe au Nord, l'Asie au Nord-Est et l'Océanie à l'Est.

3. **Localiser le lieu demandé.**
Ici, la Nouvelle-Calédonie, un archipel situé en Océanie et dans l'océan Pacifique.

Définition

Une **projection** est un ensemble de techniques permettant de représenter la surface sphérique de la Terre sur un plan (en 2 dimensions).
Les cartes peuvent être présentées selon différentes projections, c'est-à-dire selon différents angles de prise de vue du globe.

DOCUMENT 1 La projection centrée sur le Japon

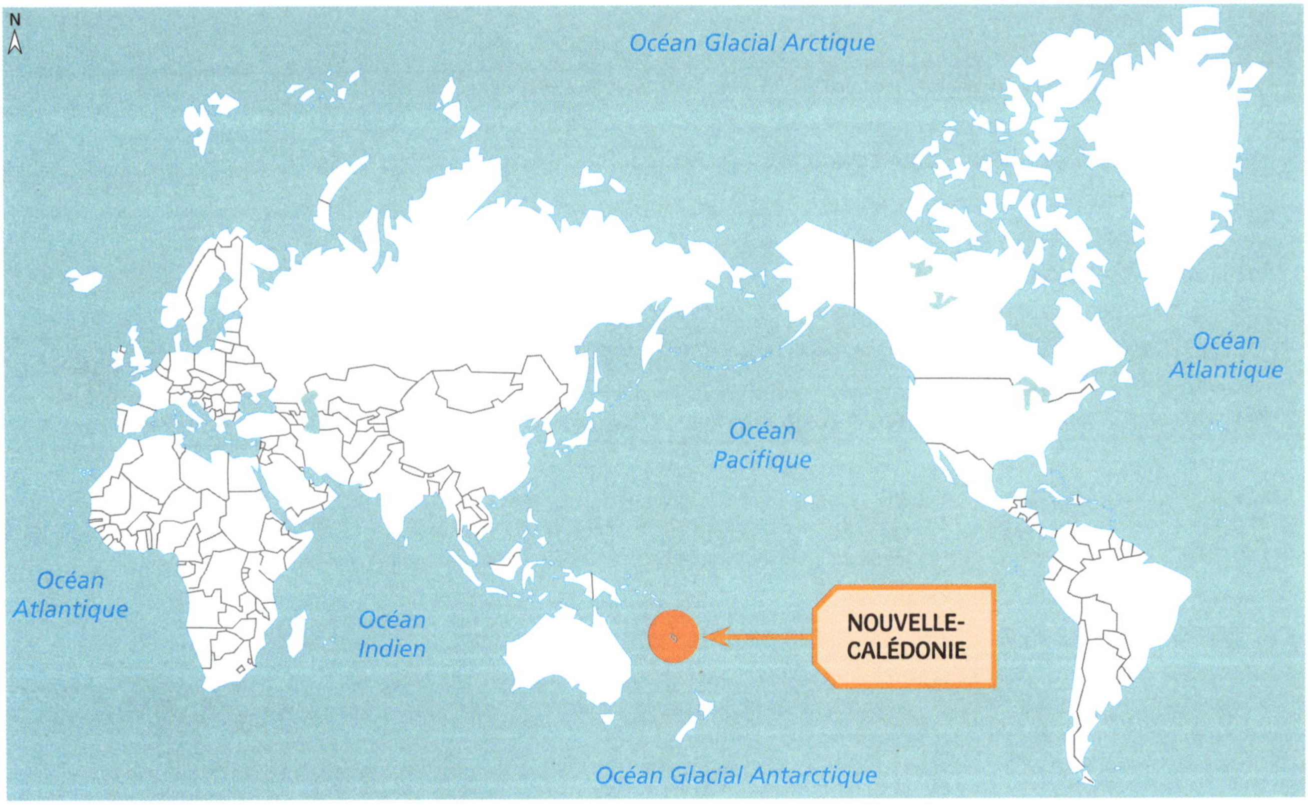

- Utiliser des représentations analogiques et numériques des espaces à différentes échelles ainsi que différents modes de projection

DOCUMENT 2 La projection polaire : le monde est centré sur l'Arctique (pôle Nord)

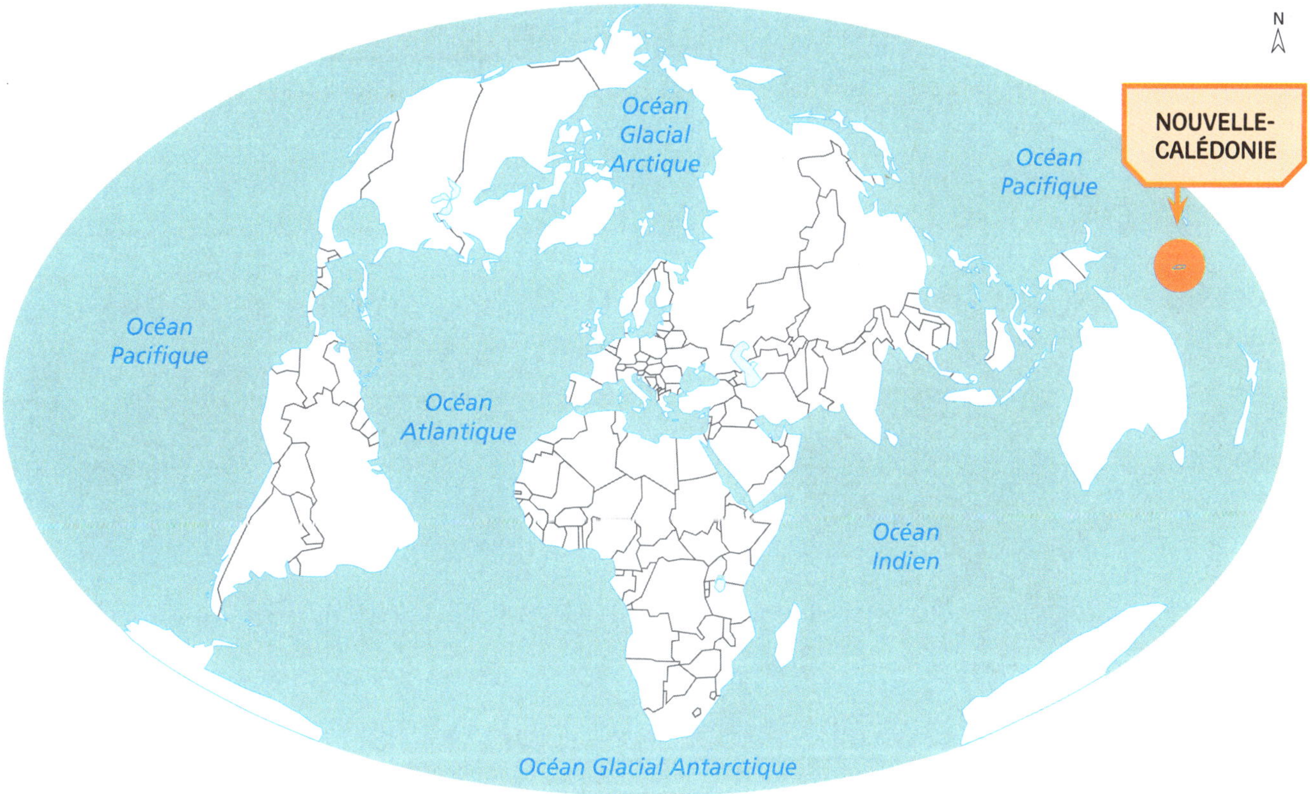

DOCUMENT 3 La projection Mac Arthur : centrée sur l'Australie et avec les hémisphères inversés

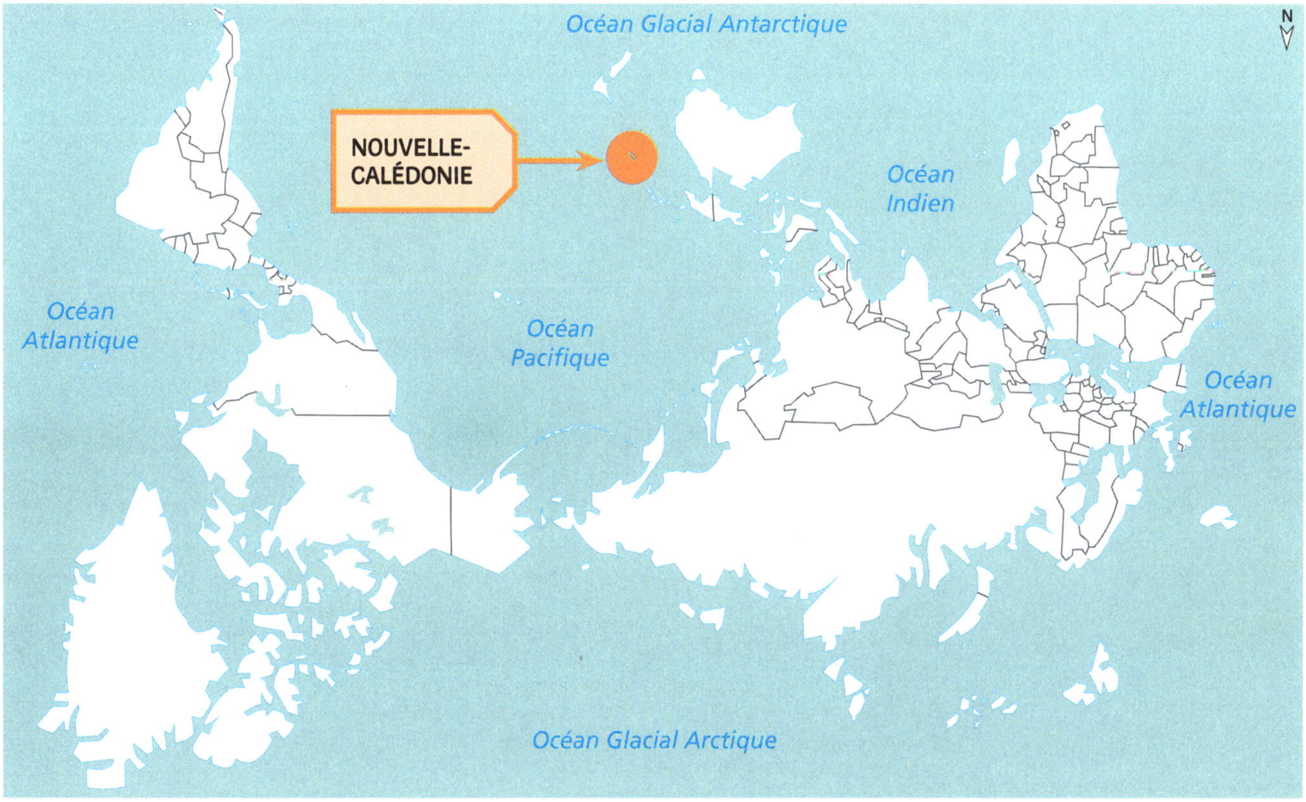

Je m'exerce et je valide la compétence

COMPÉTENCE 12 — **Je localise et je situe à différentes échelles**

GÉOGRAPHIE — **Thème 1.1 : Les aires urbaines, une nouvelle géographie de la France mondialisée**

DOCUMENT 1 Temps d'accès minimum au réseau de son lieu de résidence à l'arrêt Canebière-Bourse (centre-ville de Marseille) en transports en commun

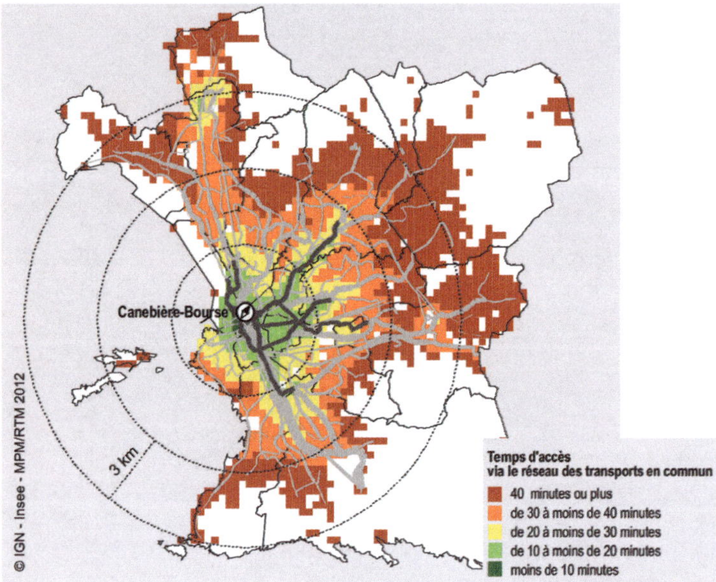

DOCUMENT 2 Liaison entre Paris et les métropoles françaises par les lignes TGV

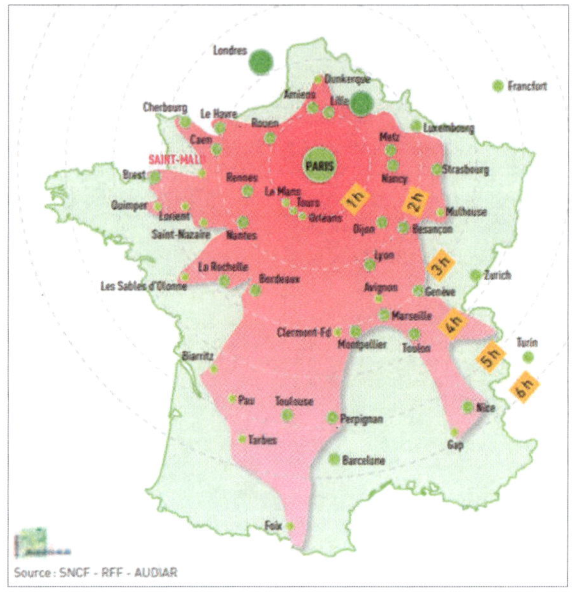

Montrez que les Français sont inégaux en termes de mobilités selon leur lieu d'habitation. **Parcours autonome**

....

....

....

....

....

....

....

....

....

....

....

....

Si j'ai besoin d'aide, je m'appuie sur une des deux propositions suivantes. **→ AIDE N°** ....

Aide 1

1. J'identifie l'échelle.
2. Je localise.
3. Je situe.
4. Je présente et je réponds au sujet.

Aide 2

1. J'identifie l'échelle : je détermine l'espace cartographié : un continent, un pays, une région, une ville.
2. Je localise : j'indique les couleurs des espaces qui sont les moins bien reliés aux transports en commun sur la carte 1. Je précise où ils se situent par rapport au centre-ville. Pour accéder facilement aux transports en commun où vaut-il mieux habiter ? J'indique où se situent les villes qui sont les plus proches de Paris en termes de temps de transport malgré une grande distance kilométrique sur la carte 2.
3. Je situe : je donne du sens en comparant la durée de déplacement à l'intérieur de Marseille, et entre Marseille et Paris. J'indique aussi les kilomètres qui séparent chaque espace.

Je m'évalue

- Très bonne maitrise ....
- Maitrise safisfaisante ....
- Maitrise fragile ....
- Maitrise insuffisante — Je recommence ....

Domaines 1, 2 et 5
• Se repérer dans l'espace : construire des repères géographiques

COMPÉTENCE 13

Je maitrise différentes projections

GÉOGRAPHIE

DOCUMENT

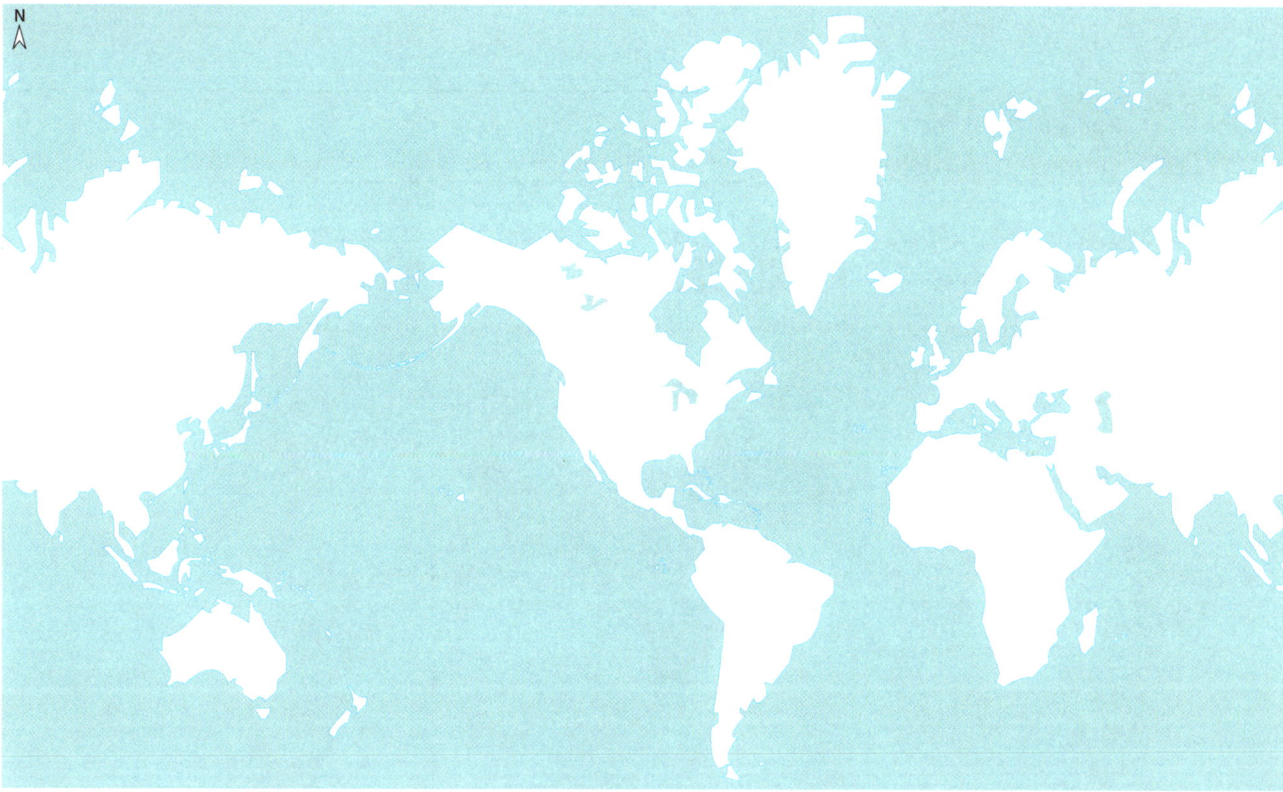

Localisez, placez et nommez sur la carte :
– une région d'émigration,
– une grande zone touristique.

Parcours autonome

Si j'ai besoin d'aide, je m'appuie sur une des deux propositions suivantes. **➜ AIDE N°** ....

Aide 1

1. Je repère l'orientation.
2. Je repère l'Afrique.
3. Je localise les lieux demandés : un espace d'« émigration » (action de quitter son pays pour vivre dans un autre) et un espace touristique (lieu de loisirs).

Aide 2

1. Je repère l'orientation : j'observe la flèche qui m'indique le Nord, et le type de carte (américano-centrée).
2. Pour m'aider à me repérer, je cherche à localiser l'Afrique : le continent en forme de cône avec l'île de Madagascar.
3. Je fais appel à mes connaissances pour localiser sur la carte deux espaces : un espace d'« émigration » (action de quitter son pays pour vivre dans un autre) et un espace touristique (lieu de loisirs).

Je m'évalue

Très bonne maitrise (OR)
Maitrise satisfaisante (ARGENT)
Maitrise fragile (BRONZE)
Maitrise insuffisante — Je recommence !

Domaines 1, 2 et 4
- Se repérer dans le temps : construire des repères historiques
  - *Situer un fait dans une époque ou une période donnée*
  - *Ordonner des faits les uns par rapport aux autres*

COMPÉTENCE 14

Je construis une frise chronologique pour m'approprier une période historique : localisation, ruptures, continuités

Thème 2.1 : Indépendances et construction de nouveaux États

Consigne : À l'aide des documents suivants, construisez la frise chronologique sur l'Inde, de la colonisation à nos jours.

DOCUMENT 1 L'Inde est colonisée à partir de 1858

L'Inde durant la colonisation en 1909

DOCUMENT 2 L'Inde devient indépendante en 1947

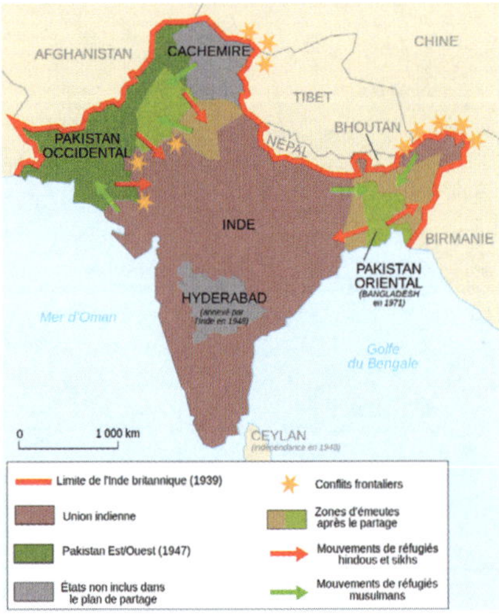

La partition de l'Inde en 1947

DOCUMENT 3 L'Inde en 2016 : une puissance émergente

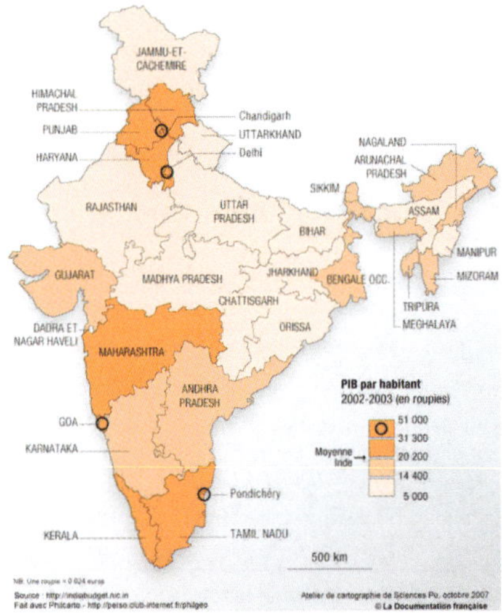

Le PIB/hab de l'Inde aujourd'hui

DOCUMENT 4 Mahatma Gandhi

Né en 1869 et mort assassiné à Delhi en 1948, il dirige le mouvement pour l'indépendance de l'Inde.

DOCUMENT 5 Jawaharlal Nehru

Né en 1889 et mort en 1964.
Premier ministre de l'Inde du 15 août 1947 à sa mort.

DOCUMENT 6 Narendra Damodardas Modi

Né en 1950.
Premier ministre de l'Inde depuis 2014.

– *Mettre en relation des faits d'une époque ou d'une période donnée*
– *Identifier des continuités et des ruptures chronologiques pour s'approprier la périodisation de l'histoire et pratiquer de conscients allers-retours au sein de la chronologie*

Je complète la frise.

Les étapes à suivre

1. À partir des documents, **je cherche les dates de début et fin** de la (des) période(s).
2. **Je localise et j'ordonne des faits : je reporte les dates** de chaque période sur la frise dans l'**ordre chronologique**.
3. **Je note le nom des périodes.**
4. **Je montre des continuités :** je colorie en une couleur chaque période longue.
5. **Je montre des ruptures :** j'indique les moments de l'histoire où se produisent des changements brutaux. **Je note ces dates** sur la frise et j'y place des éclairs :
6. Dans les documents, je cherche les **dates de naissance**, **décès** ou **arrivée au pouvoir des acteurs de l'Histoire**. Pour les localiser, j'indique ces dates sur ma frise chronologique et je note le nom des personnages.
7. **Je situe** ces personnages dans des périodes : je colorie chaque case dans la couleur de la période dans laquelle le personnage se situe.

Aide
Je détermine l'échelle de la frise. Je choisis 10 ans = 1 cm. Je place des dates tous les 10 ans en les marquant par un trait vertical.

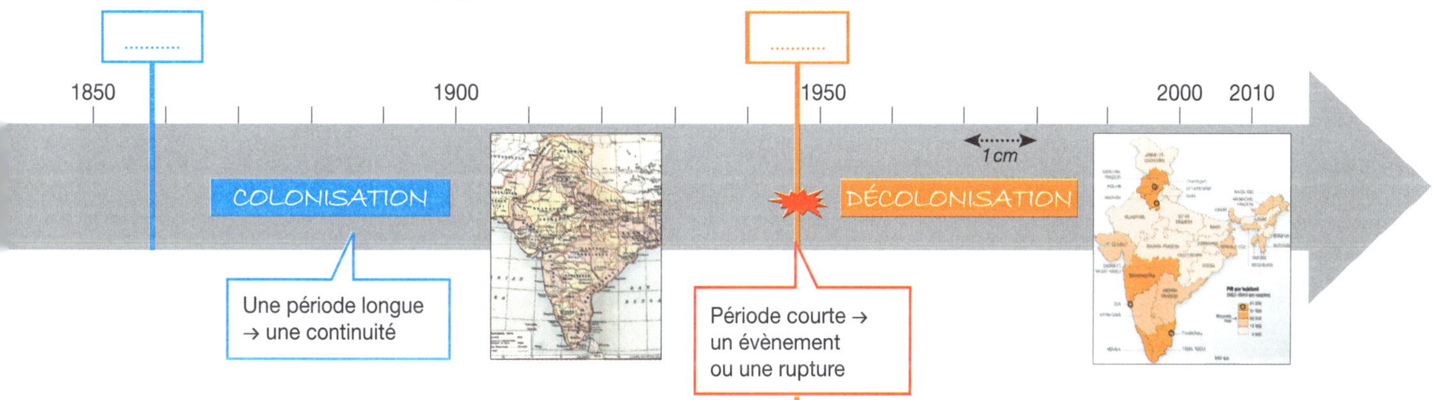

Nom : ....
Dates :..............................

A surtout connu la colonisation.

Nom : ....
Dates :..............................

Connait colonisation et indépendance.

Aide
Une frise peut-être illustrée par des documents.

Nom : ....
Dates :..............................

N'a jamais connu la colonisation.

Je m'exerce et je valide la compétence

COMPÉTENCE 14 **Je construis une frise chronologique**

HISTOIRE

Thème 3.2 : La Vᵉ République, de la République gaullienne à l'alternance et la cohabitation

Construisez une frise chronologique sur les régimes politiques français de 1944 à 1995.

Parcours autonome

1. **Sur la frise, indiquez les différentes périodes politiques. Choisissez une couleur par période.**

- **1944-1946 :** GPRF
- **1946-1958 :** IVᵉ République
- **1958 à nos jours :** Vᵉ République

2. **Sous la frise, indiquez les différents personnages et leur période au pouvoir.**

- **1944-1946 :** De Gaulle dirige le GPRF
- **1974-1981 :** Valéry Giscard d'Estaing, président de la République
- **1981-1995 :** François Mitterrand, président de la République
- **1958-1969 :** De Gaulle, président de la Vᵉ République
- **1974-1976 :** Jacques Chirac, Premier ministre
- **1986-1988 :** Jacques Chirac, Premier ministre

3. **Montrez les ruptures et les continuités à l'aide de symboles et de couleurs.**

4. **Illustrez par des documents en indiquant leur numéro sur la frise.**

1 Le référendum sur l'élection au suffrage universel : en octobre 1962, on demande aux Français s'ils souhaitent élire leur président au suffrage universel. Le « oui » l'emporte à 62 %.

3 Le vote des femmes en 1944 : une mesure sociale du GPRF (gouvernement provisoire de la République).

2 Le 10 mai 1981, François Mitterrand (parti socialiste) remporte l'élection présidentielle avec 51,8 % des voix.

4 Loi Veil sur l'Interruption volontaire de grossesse en 1975.

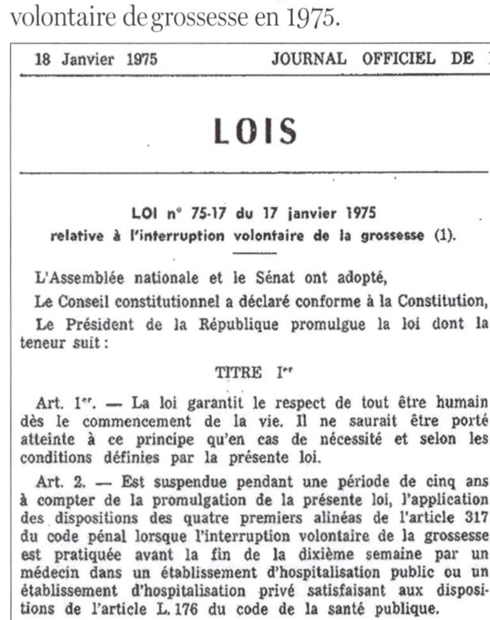

18 Janvier 1975 JOURNAL OFFICIEL DE L

LOIS

LOI n° 75-17 du 17 janvier 1975 relative à l'interruption volontaire de la grossesse (1).

L'Assemblée nationale et le Sénat ont adopté,

Le Conseil constitutionnel a déclaré conforme à la Constitution,

Le Président de la République promulgue la loi dont la teneur suit :

TITRE Iᵉʳ

Art. 1ᵉʳ. — La loi garantit le respect de tout être humain dès le commencement de la vie. Il ne saurait être porté atteinte à ce principe qu'en cas de nécessité et selon les conditions définies par la présente loi.

Art. 2. — Est suspendue pendant une période de cinq ans à compter de la promulgation de la présente loi, l'application des dispositions des quatre premiers alinéas de l'article 317 du code pénal lorsque l'interruption volontaire de la grossesse est pratiquée avant la fin de la dixième semaine par un médecin dans un établissement d'hospitalisation public ou un établissement d'hospitalisation privé satisfaisant aux dispositions de l'article L. 176 du code de la santé publique.

Domaines 1, 2 et 4
• Se repérer dans le temps : construire des repères historiques

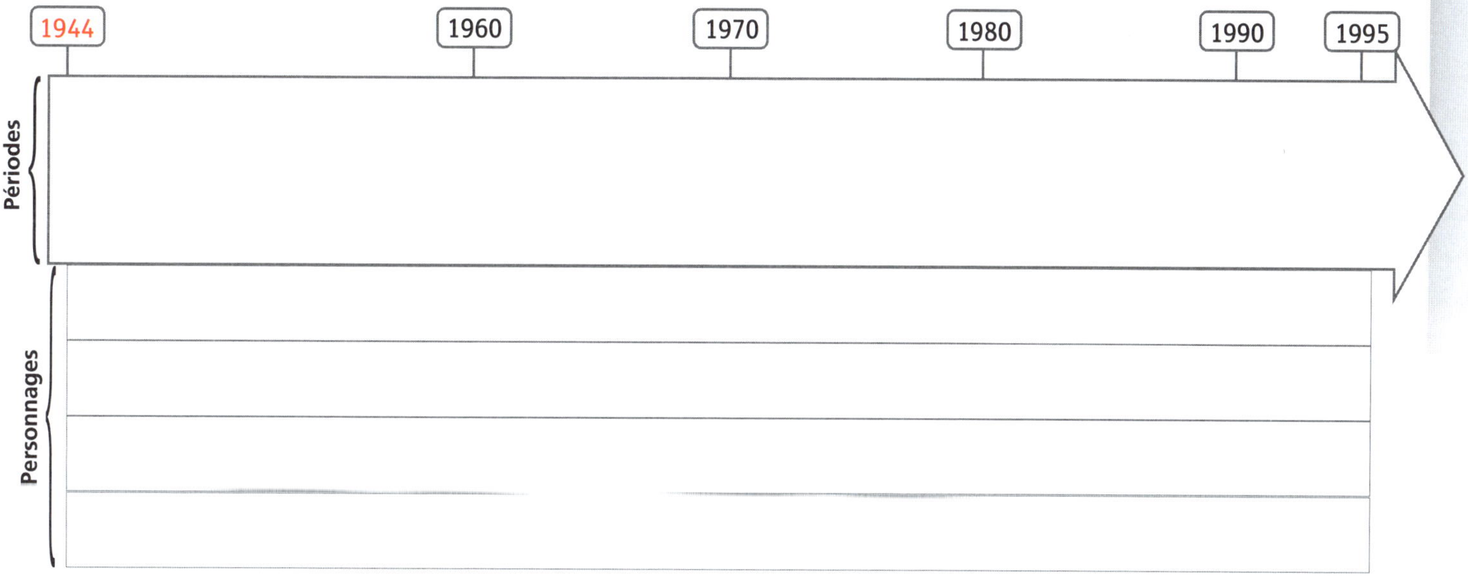

Si j'ai besoin d'aide, je m'appuie sur une des deux propositions suivantes. **→ AIDE N°** ....

Aide 1

1. Je localise.
2. Je situe.
3. J'ordonne.
4. Je mets en relation des faits, des dates.
5. Je montre des continuités.
6. Je montre des ruptures.
7. J'illustre avec des documents.

Aide 2

1. À l'aide des documents, je cherche les dates de début et fin des périodes politiques (Ex. : République gaullienne → 1958-1969).
2. J'ordonne des faits et je localise : je reporte ces dates sur la frise dans le bon ordre : je trace un trait vertical au début et à la fin de chaque période en indiquant la date.
3. Je montre des continuités : je colorie avec des couleurs différentes la période du GPRF, la IVe République, la Ve République.
4. Je montre des ruptures : des moments de l'Histoire où se produisent des changements brutaux sur une période courte (un jour, quelques jours…) par un signe : éclair, étoile. Ex. : 1944 → la fin du Régime de Vichy, le GPRF ; 1946 → la IVe République ; 1958 → la Ve République ; 1981 → l'alternance.
5. Sous la frise chronologique, je localise et je situe les personnages dans des périodes : je colorie chaque case du début à la fin de leur période au pouvoir.
6. Je choisis des illustrations et je les localise en indiquant les numéros correspondants sur la frise.

Je m'évalue

- Très bonne maitrise (OR)
- Maitrise safisfaisante (ARGENT)
- Maitrise fragile (BRONZE)
- Maitrise insuffisante — Je recommence !

Je prépare le brevet

Exercice 2 • Maitriser différents langages pour se repérer

Thème 3.2 : La Vᵉ République, de la République gaullienne à l'alternance et la cohabitation

HISTOIRE

Questions

1 Placez les évènements suivants sur la frise.

A. François Mitterrand élu Président de la République face à Valéry Giscard d'Estaing : l'Alternance

B. Constitution de la Vᵉ République

C. Première cohabitation F. Mitterrand/J. Chirac

D. De Gaulle élu au suffrage universel

Compétence
« Construire une frise chronologique »
▸ Méthode, p. 70

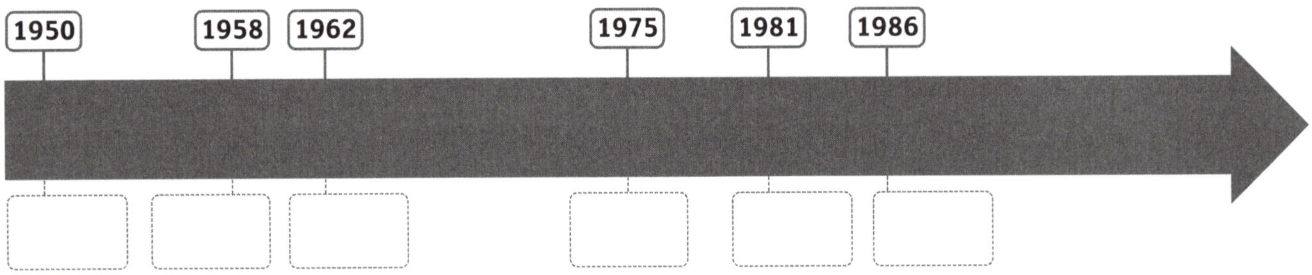

2 Localisez Rome sur la carte de l'Europe ci-dessous.

a. Indiquez quel traité est signé dans cette ville et en quelle année.

....

Compétence
« Localiser et situer à différentes échelles »
▸ Méthode, p. 64

b. Complétez les dates des différents évènements indiqués.

VERSAILLES ▸ **Traité en :** ....

ALGÉRIE ▸ **Indépendance en :** ....

MAASTRICHT ▸ **Traité en :** ....

Exercice 2 • Maitriser différents langages pour se repérer

Thème 1.1 : Les aires urbaines, une nouvelle géographie de la France mondialisée

GÉOGRAPHIE

Compétence
« Localiser à différentes échelles »
▸ Méthode, p. 64

Questions

1. Coloriez et nommez 3 régions françaises de votre choix, dont celle de votre collège sur le fond de carte ci-dessous.
2. Indiquez le nom de 3 aires urbaines de votre choix.
3. Complétez la légende à l'aide de figurés.
4. Donnez un titre à la carte.

Titre ....

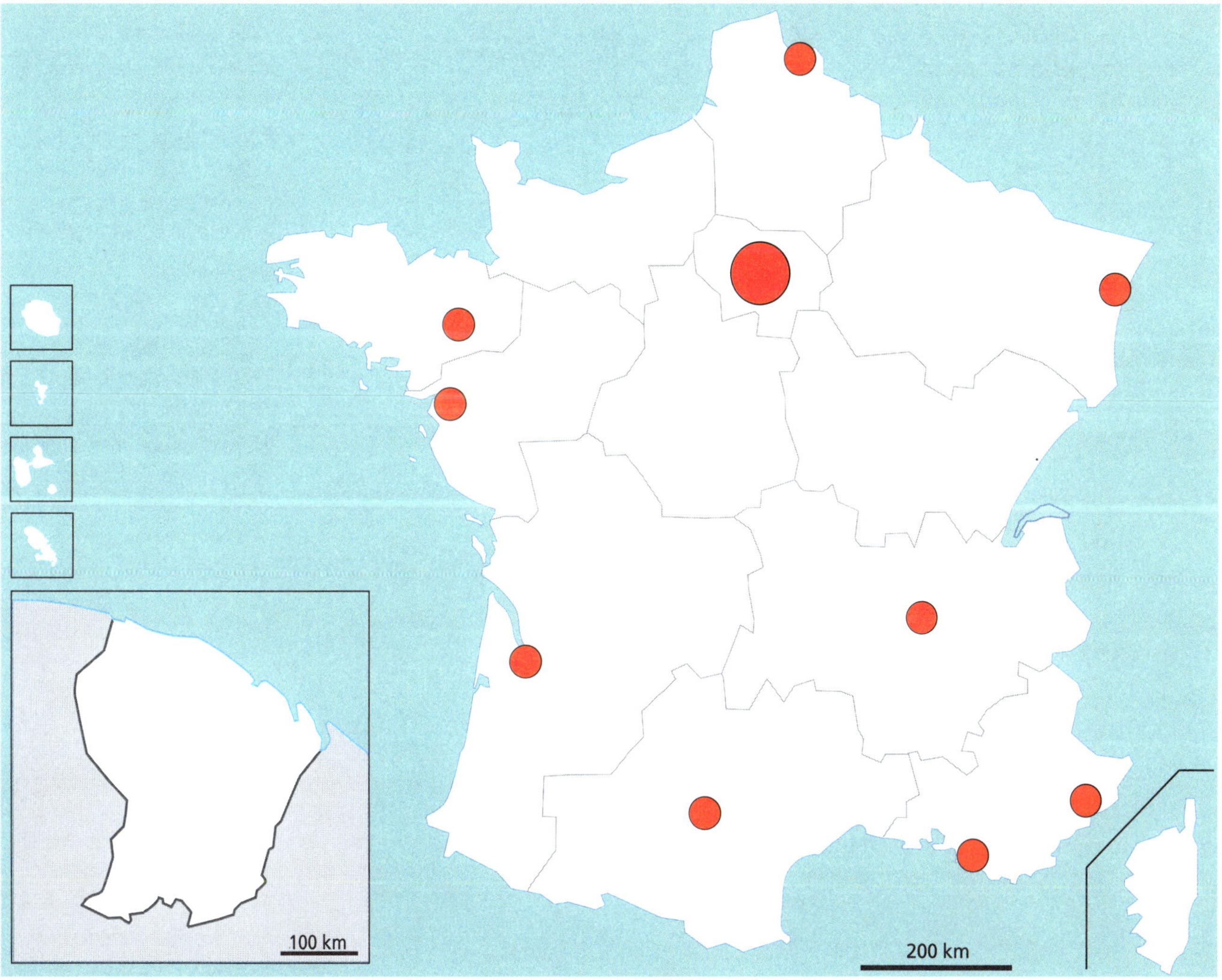

☐	Régions
	Mégalopole parisienne
	Aires urbaines

Je m'approprie la méthode

Domaines 1, 2 et 3
- Coopérer et mutualiser
- Raisonner, justifier une démarche et les choix effectués

COMPÉTENCE 15 Je réalise un travail de groupe

Les étapes à suivre

1 Constituer un groupe de 2 à 4 élèves.

☐ Je choisis les membres de mon groupe :

....

....

2 Repérer et lire les consignes, identifier les objectifs à remplir.

☐ Nous lisons le sujet et les questions données.

☐ Nous identifions les mots-clés :

....

....

☐ Nous problématisons le sujet s'il ne l'est pas déjà : transformer le sujet en une ou plusieurs questions.

....

....

☐ Nous identifions les objectifs à remplir et en faisons la liste.

....

....

....

☐ Nous choisissons le support de notre préparation (Power point, papier, etc.).

....

3 Se répartir les tâches.

☐ Nous fixons des objectifs à chacun.

☐ Nous adaptons la vitesse de travail à chacun : plus de temps s'il s'agit d'une tâche compliquée ou longue.

4 Chercher des informations :

☐ sur Internet : ....

☐ dans une médiathèque : ....

☐ au CDI : ....

☐ en classe avec des documents : ....

5 Se réunir pour parler du travail.

☐ Chacun apporte son travail en fonction de l'objectif qui a été fixé.

☐ Chacun explique ce qu'il a fait et apporte des arguments.

☐ Nous confrontons nos choix et les justifications de chacun.

☐ En fonction du support choisi, chacun apporte ses connaissances techniques (créer un Power point, rédiger), artistiques (présenter un travail, dessiner).

S'évaluer

- **L'organisation du groupe**

☐ Nous avons su nous répartir les tâches.

☐ Nous avons pratiqué l'entraide : explications, idées.

- **La confrontation des idées**

☐ Nous avons effectué des recherches supplémentaires pour enrichir nos idées.

☐ Chacun a su quelquefois aller contre ses idées.

☐ Chacun a bien écouté les arguments des autres.

☐ Nous avons su discuter pour arriver à un compromis.

- **La présentation**

À l'écrit

☐ Nous avons décidé d'un plan pour notre travail et sélectionné des documents.

☐ Nous nous sommes répartis la rédaction des parties et avons choisi ensemble qui apporterait des documents.

☐ Nous avons rendu un travail écrit bien rédigé, avec un plan, des illustrations, des commentaires…

À l'oral

☐ Nous nous sommes répartis le temps de parole.

☐ Nous avons présenté un oral organisé.

☐ Nous avons parlé de manière distincte, sans trop hésiter.

☐ Nous avons respecté le temps qui nous était imparti pour l'exposé.

SCÉNARIO

Thème 2.1 : Aménager pour répondre aux inégalités croissantes entre territoires français
Thème 2.2 : Les territoires ultra-marins : une problématique spécifique

Vous jouez le rôle de plusieurs décideurs : État, conseil régional, conseil départemental, entreprises, citoyens.

Vous étudiez des projets d'aménagement. Vous devez donner des autorisations ou des refus, choisir des projets.

Les projets d'aménagements proposés sont fictifs mais peuvent s'inspirer de projets réels sur lesquels vous pouvez faire des recherches à partir des exemples donnés.

Projet A — AMÉNAGEMENT D'UN TERRITOIRE ULTRAMARIN : CONSTRUIRE UN HÔPITAL
DÉCIDEURS : ÉTAT ET UNE RÉGION MONODÉPARTEMENTALE D'OUTRE-MER

Ce projet vous amène à réfléchir à la légitimité de l'expropriation de citoyens pour le bien d'une collectivité (retirer une propriété à un habitant pour qu'elle puisse servir à tous les habitants).

Constat de départ : vous êtes dans un territoire exposé aux séismes et tsunamis. Votre territoire est exigu et vous voulez construire un nouvel hôpital.

Proposition 1 Autoriser la construction dans une zone de bord de mer très peuplée en prévoyant des ouvrages anti-sismiques et anti-tsunamis.	**Avantages :** en bord de mer, le terrain est plat, près du centre urbain et facile d'accès. **Inconvénients :** il faut prévoir une grosse infrastructure avec des digues anti-tsunamis, exproprier des habitants et détruire leurs habitations, les indemniser et les reloger.
Proposition 2 Autoriser la construction dans une zone plus éloignée de la mer et non soumise aux tsunamis, mais il s'agit d'un espace agricole de production de canne à sucre.	**Avantages :** pas de coût de protection anti-tsunamis, tranquillité des lieux. **Inconvénients :** il faut construire une nouvelle route pour y accéder car c'est éloigné de la ville et exproprier des habitants qui possèdent des terres agricoles (canne à sucre) depuis plusieurs générations.

Que dit la loi ?
« L'expropriation est une procédure qui permet à une personne publique (État, collectivités territoriales...) de contraindre un particulier ou une personne morale (entreprise) à céder la propriété de son bien, moyennant le paiement d'une indemnité. Cette procédure contribue notamment à la réalisation d'ouvrages publics (équipements sociaux, réseaux d'assainissement...) et d'aménagements urbains. »

Proposition choisie : ....

Justification de la décision : ....

....

....

Projet B — CRÉATION D'UNE LIAISON FERROVIAIRE À GRANDE VITESSE PASSANT SOUS DES MONTAGNES POUR RELIER LA FRANCE À UN PAYS VOISIN DE L'UNION EUROPÉENNE
DÉCIDEURS : UNION EUROPÉENNE, ÉTATS CONCERNÉS, RÉGION, DÉPARTEMENT

Ce projet vous amène à réfléchir aux nécessités de mettre en place des voies à grande vitesse en Europe pour faciliter les déplacements et favoriser le développement d'une région transfrontalière ; aux impératifs de préservation de l'environnement.

Constat de départ : deux pays voisins de l'Union européenne, séparés par une chaine de montagnes, veulent créer une autoroute ferroviaire : une voie rapide TGV à plus de 200 km/h (train à grande vitesse) et fret (marchandises), pour faciliter les relations entre pays (commerce, voyages, échanges en général).

Proposition 1 Autoriser la construction d'une autoroute ferroviaire (voyageurs et fret) qui nécessite de creuser un long tunnel, des viaducs, de réaménager les voies de chemin de fer qui doivent supporter le passage de trains à grande vitesse.	**Avantages :** réduit le temps de trajet (deux fois plus rapide) entre les deux pays. Le train fonctionne à l'électricité : non polluant. Développe la région transfrontalière en créant des emplois. Les particuliers voyagent facilement et connaissent un autre pays européen. On peut transporter de gros conteneurs de marchandises. **Inconvénients :** risque de détruire l'écosystème (travaux d'élargissement et creusement) ; nécessité d'exproprier des habitants ; les terrains perdront de la valeur avec les nuisances ; longues années de travaux.
Proposition 2 Maintenir les moyens existant (il existe déjà trois tunnels) en les améliorant (co-voiturage, augmentation des prix du tunnel existant et inciter à prendre le train), doublement de voie de chemin de fer existante sans travaux lourds. Essayer de limiter le trafic des poids lourds par incitation à utiliser le train sous forme de conteneurs.	**Avantages :** travaux légers et rapides avec peu d'impact sur l'environnement ; la région reste attractive pour le tourisme ; faune et flore sont protégées ; des liaisons qui augmenteront sans nécessité de TGV. **Inconvénients :** l'absence de ligne à grande vitesse risque de favoriser d'autres villes de France mieux reliées (la capitale par exemple) ou l'utilisation de l'avion très polluant ; manque de dynamisme économique de la région transfrontalière qui sera dépassée par les autres régions d'Europe ; manque d'intégration européenne.

Proposition choisie : ....

Justification de la décision : ....

....

....

Je m'approprie la méthode

Domaines 1, 2, 3 et 5
- Coopérer et mutualiser
- S'informer dans le monde numérique

COMPÉTENCE 16

J'utilise un SIG (système d'information géographique)

Repères : Google Earth

Barre de recherche

La main représente l'endroit où je me trouve sur l'image, si je la déplace avec le bouton droit de la souris enfoncé, l'image se déplace.

Le nord est indiqué ici par « N »

Zoom,
Zoomer pour voir à une échelle plus grande → j'appuie sur + ou molette avant de la souris.
Dézoomer pour voir à une échelle plus petite → j'appuie sur – ou molette arrière de la souris.

Thème 2. 2 : Les territoires ultra-marins : une problématique spécifique

Sujet : À l'aide du SIG Google Earth, caractérisez un territoire ultramarin : la Nouvelle-Calédonie (catégorie des Pays et Territoires d'Outre-mer ; capitale : Nouméa) en répondant aux questions ci-contre.

Question 1 : Localisez et démontrez par une capture d'image que la Nouvelle-Calédonie est une ile. Situez-la par rapport à un grand pays voisin que vous devrez trouver.

Question 2 : Mesurez la distance entre la Nouvelle-Calédonie et la France pour en montrer l'éloignement du territoire métropolitain.

Question 3 : Pour montrer que le tourisme est un atout de cette ile, localisez le lieu décrit dans le document et faites-en une capture d'écran. Puis, trouvez une partie de ce site appelé le lagon et indiquez-le sur l'image que vous aurez capturée.

DOCUMENT

Nouvelle-Calédonie > Ile des Pins

L'ile des Pins fut baptisée par le capitaine Cook, mais reste encore pour ses habitants l'ile Kunié. C'est aujourd'hui là que l'on trouve les plus grands réseaux d'hôtels du territoire. Ses eaux turquoises sont un appel à la baignade, mais aussi à la plongée. Vous pourrez observer la faune et la flore de l'archipel, et peut-être tomberez-vous nez à nez avec une raie ou une tortue !

Le Guide du Routard, *Nouvelle-Calédonie*.

Définition

Un **lagon** est une étendue de mer séparée du large par un récif corallien. Le lagon de Nouvelle-Calédonie et de l'Ile des Pins est classé au patrimoine mondial de l'Unesco (qui recense et protège les plus beaux sites du monde).

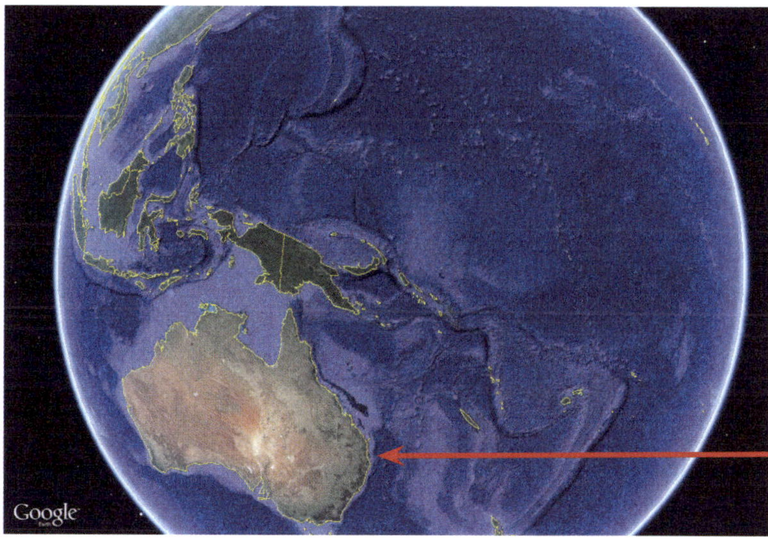

Question 1

• Je tape dans la **barre de recherche** le **mot clé** repéré dans le sujet : Nouvelle Calédonie.
• J'appuie sur « **Rechercher** ».

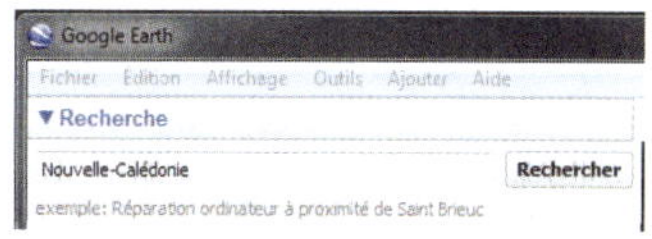

↳ Je localise la Nouvelle-Calédonie.

• Je **dézoome** pour la situer par rapport à un grand pays voisin : l'Australie se trouve à l'**Ouest** de la Nouvelle-Calédonie.
• J'appuie sur « ImprEcr » sur le clavier pour faire une capture d'écran.

↳ Je constate que la Nouvelle-Calédonie est bien une île (une terre entourée par les eaux).

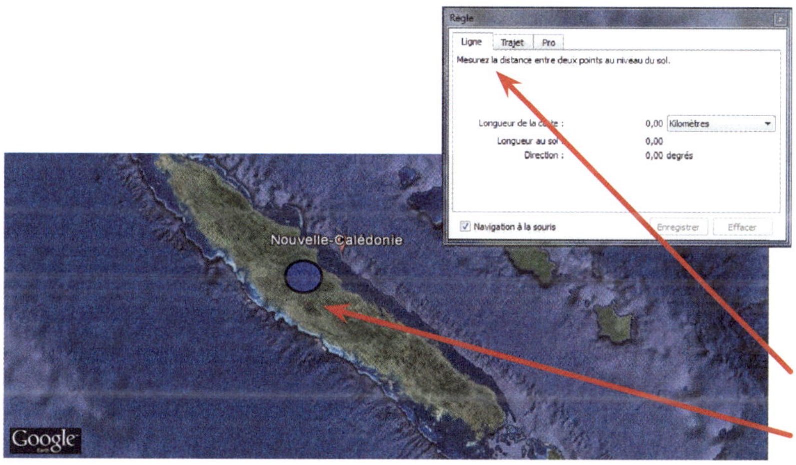

Question 2

• Pour **mesurer l'éloignement** de la France métropolitaine, je mesure la distance entre Paris et la Nouvelle-Calédonie.
• Je clique dans le menu sur « **Afficher la règle** » . Je clique sur « **Trajet** ».
• Je positionne le curseur sur la Nouvelle-Calédonie : **un point bleu** ● apparaît (point de départ du trajet).
• Je **dézoome** pour avoir une échelle plus petite. Je maintiens le clic gauche enfoncé pour me déplacer sur le globe. Je localise la France et je clique dessus : un **point bleu** apparaît et une **ligne jaune** indique le trajet France/Nouvelle-Calédonie.
• Dans la boite, la distance s'affiche : 16 558 kilomètres.

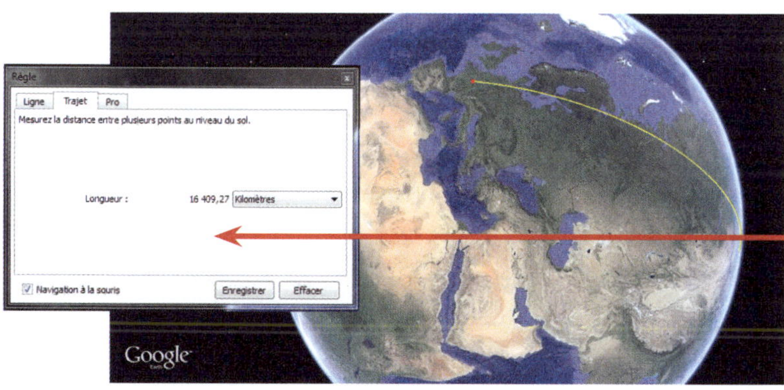

↳ La Nouvelle-Calédonie est donc **très éloignée du territoire français métropolitain**.

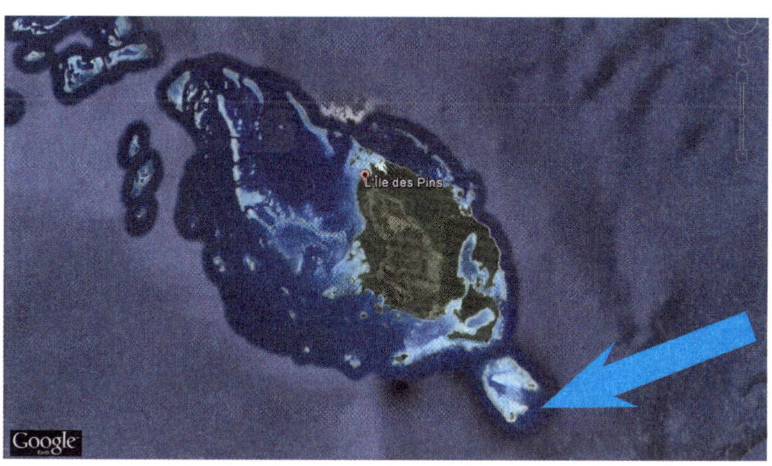

Question 3

• Je tape dans la **barre de recherche** le **mot clé** repéré dans le texte : Ile des Pins.

• J'appuie sur « ImprEcr » sur le clavier pour faire une capture d'écran.
• Je place une flèche sur l'image pour indiquer une **partie du lagon de l'Ile des Pins**.

↳ J'ai identifié un des **atouts de la Nouvelle-Calédonie : un site touristique avec un lagon**.

Exercice 1 • Analyser et comprendre des documents

HISTOIRE

DOCUMENT La politique extérieure de la France au milieu des années 1960

Et bien, le fait principal de ces sept dernières années, c'est que nous avons résisté aux sirènes de l'abandon et choisi l'indépendance. [...] Dans le domaine politique, il s'agit que sans renier notre amitié américaine, nous nous comportions en européens [...] Or, c'est ce que nous faisons en nous réconciliant avec l'Allemagne, en proposant à nos voisins, des deux côtés du Rhin et des Alpes, une réelle solidarité des six [...] Il y a, maintenant, une politique de la France, et elle se fait à Paris. Au point de vue de la sécurité, notre indépendance exige, à l'ère atomique où nous sommes, que nous ayons les moyens de dissuader nous-mêmes un éventuel agresseur [...]. Or, ces moyens, nous nous les donnons. [...] Nous en venons au point où aucun Etat du monde ne pourrait porter la mort chez nous sans la recevoir chez lui, ce qui est certainement la meilleure garantie possible dans l'ordre économique, scientifique et technique, pour sauvegarder notre indépendance. [...]. Nous devons aussi, coute que coute, soutenir la concurrence dans les secteurs de pointe qui commandent la valeur, l'autonomie, la vie de tout l'ensemble industriel qui comportent le plus d'études, d'expérimentations, d'outillages perfectionnés, qui requièrent en grand nombre les équipes les plus qualifiées de savants, de techniciens, d'ouvriers. [...]

Charles DE GAULLE, Discours radiotélévisé, 27 avril 1965.

Questions

1. Identifiez l'auteur du texte et indiquez quelques éléments de sa biographie.

2. À l'aide de vos connaissances, indiquez à quelle alliance créée en 1957 De Gaulle fait allusion en parlant de « réelle solidarité des six ». Quels traités ont été signés dans le cadre de cette alliance en 1957 et 1992 ? Combien cette alliance compte-t-elle d'États en 2016 ?

3. Expliquez la phrase soulignée en faisant appel à vos connaissances.

4. Relevez des arguments économiques et militaires évoqués par De Gaulle pour assurer l'indépendance de la France. Classez-les dans le tableau suivant.

Arguments économiques	Arguments militaires

GÉOGRAPHIE

Exercice 2 • Maitriser différents langages pour raisonner et se repérer

Questions

1. Localisez sur le fond de carte ci-dessous les zones de faibles densités en France.
   Complétez la légende.
   Donnez un titre à la carte.

Titre ....

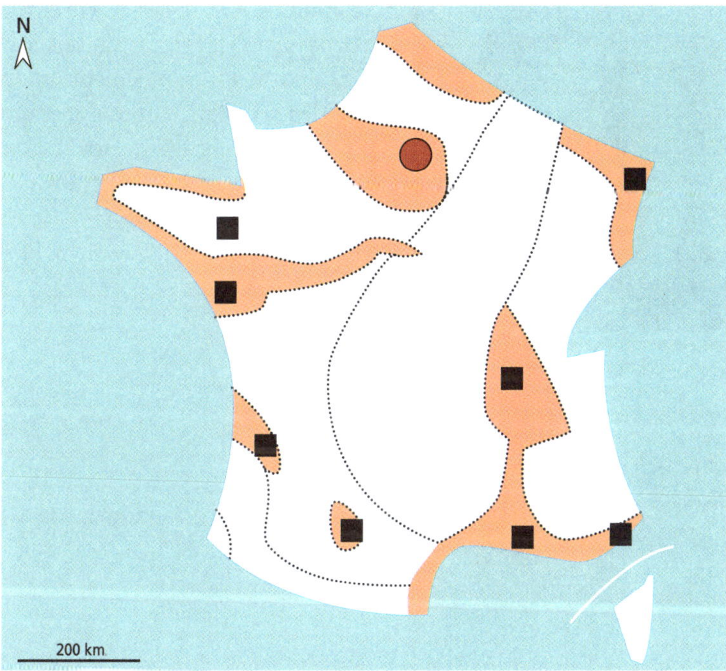

Légende

- ☐ Espace de forte densité
- ☐ Espace de faible densité
- ■ ....
- ● Paris, mégapole

2. Sous la forme d'un développement construit d'une vingtaine de lignes et en vous appuyant sur la carte ci-dessus et sur vos connaissances, décrivez les différents types d'espaces de faible densité en France, leurs difficultés et leur renouveau.

Exercice 3 • Enseignement moral et civique

DOCUMENT 1 L'évolution de l'abstention aux élections européennes

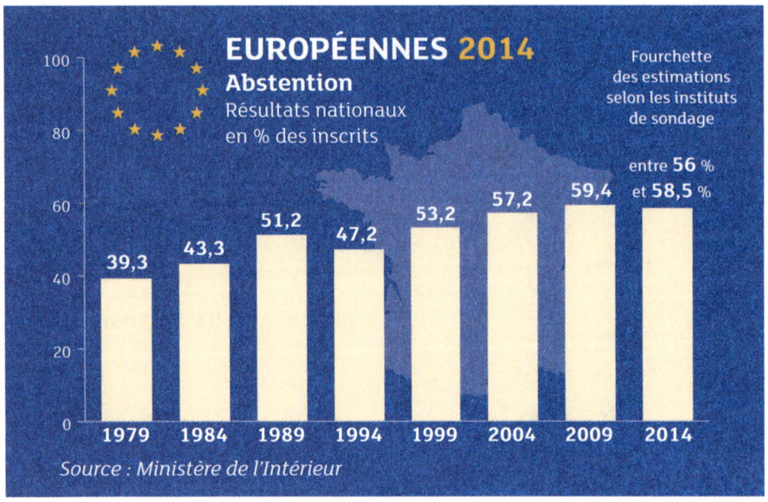

DOCUMENT 2 Le droit de vote en France

La question d'une éventuelle obligation du vote a souvent été débattue. Elle existe d'ailleurs dans certains pays, tels que la Belgique, la Suisse ou la Grèce. Néanmoins, elle n'a jamais été envisagée sérieusement en France. En revanche, le droit de vote est moralement un devoir pour les citoyens, comme le rappelle l'inscription figurant sur les cartes électorales : « Voter est un droit, c'est aussi un devoir civique ».

Source : http://www.vie-publique.fr

Questions

1. Quelle a été l'évolution de l'abstention en France entre 1979 et 2014 ? Justifiez votre réponse en prélevant des informations dans le document 1.

2. Le droit de vote est-il obligatoire en France ? Selon le document 2, pourquoi faut-il aller voter ?

3. Vous êtes un journaliste invité dans un collège et vous êtes chargé d'expliquer l'intérêt d'aller voter et les risques de l'abstentionnisme pour la démocratie. En quelques lignes, présentez vos arguments.

GÉOGRAPHIE

Exercice 1 • Analyser et comprendre des documents

DOCUMENT L'organisation du territoire européen

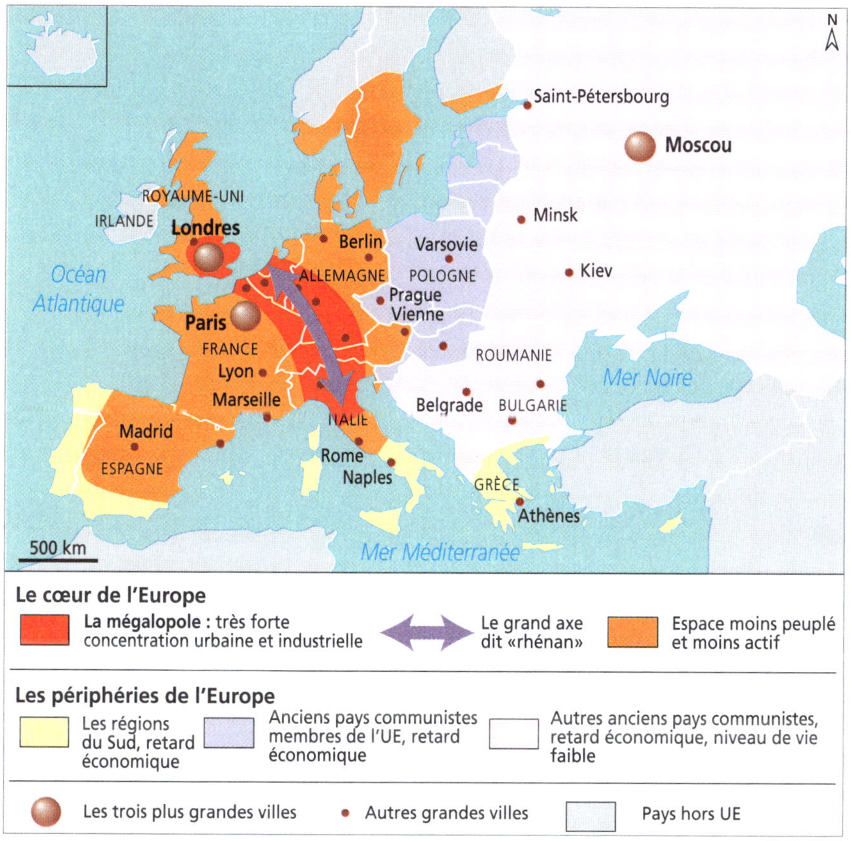

Questions

1 Indiquez le type du document ci-dessus et présentez son idée principale.

....

2 Classez ces pays selon leur intégration à l'Union européenne dans le tableau suivant :
France, Allemagne, Roumanie, Pologne, Espagne.

Intégration à l'Union européenne	Cœur de l'Europe	Périphérie	Périphérie ayant le plus de retard économique
Pays	....	....	....

3 À l'aide de vos connaissances et du document, définissez « mégalopole européenne ».

....

4 À l'aide de vos connaissances, expliquez comment l'Union européenne lutte contre les inégalités entre ses États.

....

Exercice 2 • Maitriser différents langages pour raisonner et se repérer

1 Placez les évènements suivants sur la frise ci-dessous. Reportez les lettres.

A. Conférence de Yalta
B. Construction du mur de Berlin
C. Réunification de l'Allemagne
D. Chute du mur de Berlin
E. Blocus de Berlin

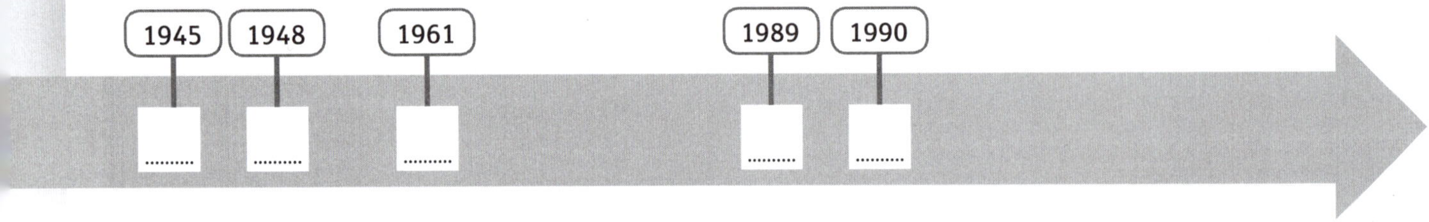

2 Sous la forme d'un développement construit d'une vingtaine de lignes et en vous appuyant sur la chronologie ci-dessus et sur vos connaissances, indiquez en quoi Berlin a été une ville au centre de la Guerre froide entre 1947 et 1991.

Exercice 3 • Enseignement moral et civique

DOCUMENT 1 Devenir Français

Le petit salon de la sous-préfecture de Montreuil est plein à craquer. Ils sont onze, ce mercredi, à recevoir leur décret de naturalisation. [...] Après un petit film produit par les ministères de l'Intérieur et de la Défense, une brève Marseillaise et un discours du sous-préfet, les maires [...] remettent le décret de naturalisation à leurs nouveaux électeurs.

La famille Ntambwe, congolaise. [...] Joseph Ntambwe, le père de la famille, raconte : « Depuis 11 ans, je suis professeur d'histoire-géographie en France. Je suis parti du Congo alors que le pays était en guerre [...]. Il y a eu six millions de morts ! » Son rapport à la France ? « J'ai toujours aimé la façon dont vos députés discutent les lois au parlement. Cette façon de s'enquiquiner sans se donner de coups, cela m'a toujours fasciné. J'admire les droits de l'Homme aussi, mais ils ne sont pas forcément appliqués...»

Source : www.lavoixdunord.fr

DOCUMENT 2 Extrait de la charte des droits et devoirs du citoyen français

Principes, valeurs et symboles de la République française

Le peuple français se reconnait dans la Déclaration des droits de l'homme et du citoyen du 26 août 1789 et dans les principes démocratiques hérités de son histoire.

Il respecte les symboles républicains.

L'emblème national est le drapeau tricolore, bleu, blanc, rouge.

L'hymne national est La Marseillaise.

La devise de la République est « Liberté, Égalité, Fraternité ».

La fête nationale est le 14 juillet.

« Marianne » est la représentation symbolique de la République.

La langue de la République est le français.

La France est une République indivisible, laïque, démocratique et sociale dont les principes sont fixés par la Constitution du 4 octobre 1958.

Source : www.immigration.interieur.gouv.fr

Questions

1. Relevez dans le document 2 quatre symboles de la République française.

2. Expliquez ce qui a incité Joseph Ntambwe à venir en France (Document 1).

3. Vous êtes le maire d'une commune chargé d'accueillir des personnes ayant obtenu leur naturalisation.
En quelques lignes, à l'aide des documents et de vos connaissances, rédigez un discours de cérémonie d'accueil dans lequel vous rappellerez les principales valeurs de la République française.

Principaux repères chronologiques

HISTOIRE

Ressources Éduscol Histoire, juin 2016

1914-1918	Grande Guerre	
1917	Révolution russe	
1933-1945	L'Allemagne d'Hitler	
1936	Front populaire	
1939-1945	Seconde Guerre mondiale	
1944-1945	Libération, le général de Gaulle prend la tête du GPRF qui met en œuvre le programme du CNR (ex : création de la sécurité sociale). Les femmes obtiennent le droit de vote.	
1945	Création de l'ONU	
1947-1991	Guerre froide	
1957	Traité de Rome	
1958	Naissance de la Ve République	
1962	Élection du Président de la République au suffrage universel direct	
1962	Indépendance de l'Algérie	
1975	Loi Veil sur l'Interruption Volontaire de Grossesse	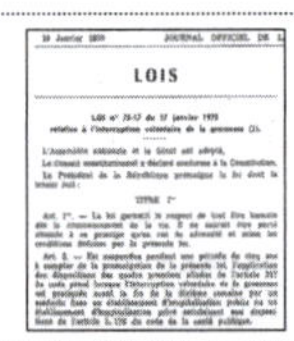
1981	Première alternance, François Mitterrand élu Président de la République	
1989	Chute du mur de Berlin	

Principaux repères géographiques

GÉOGRAPHIE

Ressources Éduscol Géographie, juin 2016

- Une dizaine d'aires urbaines françaises parmi les plus peuplées

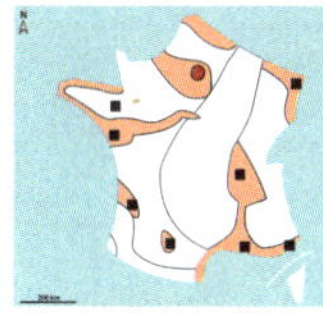

◂ Les aires urbaines en France

- La distribution de la population, les principaux espaces fortement peuplés

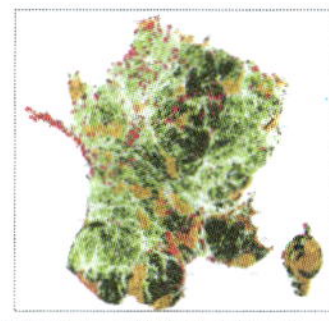

◂ Les espaces de faible densité

- Des exemples d'aires urbaines dynamiques, de métropoles et d'espaces productifs insérés dans la mondialisation

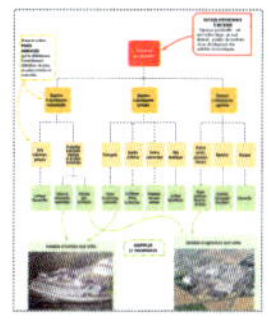

◂ Les espaces productifs

- Des points d'entrée du territoire comme des ports et des aéroports, des interfaces frontalières, des façades maritimes

- Des grands repères physiques : massifs montagneux et forestiers, grandes vallées et grands fleuves, domaines bioclimatiques en lien avec l'étude des dynamiques spatiales de la population

◂ Station de ski Isola 2 000 (Alpes-Maritimes)

- La (nouvelle) région administrative du collège

- Les 13 régions métropolitaines

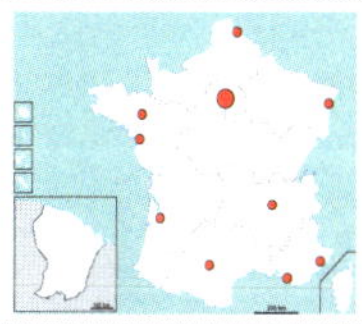

◂ Les régions françaises et aires urbaines

- Les axes de transport

◂ Le réseau ferroviaire en Europe

◂ Liaisons ferroviaires Paris/régions en TGV

- Les grands traits de l'organisation du territoire national

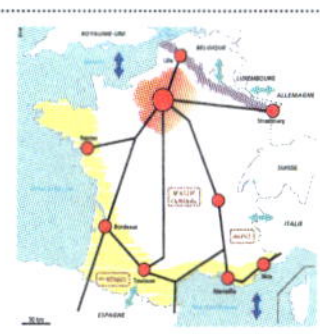

◂ L'organisation du territoire national

- Les territoires ultra-marins parmi lesquels les 5 DROM

- Le territoire français ultra-marin ; quelques États francophones dans le monde

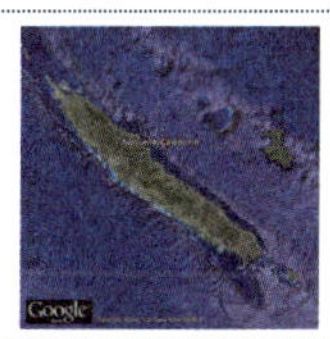

◂ La Nouvelle-Calédonie

- La carte des États membres de l'UE

- L'UE sur un planisphère montrant les grands pôles économiques mondiaux.

- Les principales métropoles européennes et les sièges des institutions européennes.

- La mégalopole européenne et les grands axes de l'espace européen ; l'exemple de la région transfrontalière étudiée ; les façades maritimes européennes et quelques fleuves principaux.

◂ L'organisation du territoire européen

Je m'évalue au fil de l'année

Analyser et comprendre un document

Compétences du programme	Page	Date	Degré de maitrise			
			Très bonne maitrise	Maitrise satisfaisante	Maitrise fragile	Maitrise insuffisante
• Comprendre le sens général d'un document.	....	....	OR	ARGENT	BRONZE	Je recommence !
	....	....	OR	ARGENT	BRONZE	Je recommence !
	....	....	OR	ARGENT	BRONZE	Je recommence !
• Identifier le document et son point de vue particulier.	....	....	OR	ARGENT	BRONZE	Je recommence !
	....	....	OR	ARGENT	BRONZE	Je recommence !
	....	....	OR	ARGENT	BRONZE	Je recommence !
• Extraire des informations pertinentes pour répondre à une question portant sur un document ou plusieurs documents, les classer, les hiérarchiser.	....	....	OR	ARGENT	BRONZE	Je recommence !
	....	....	OR	ARGENT	BRONZE	Je recommence !
	....	....	OR	ARGENT	BRONZE	Je recommence !
• Confronter à un document à ce qu'on peut connaitre par ailleurs du sujet étudié.	....	....	OR	ARGENT	BRONZE	Je recommence !
	....	....	OR	ARGENT	BRONZE	Je recommence !
	....	....	OR	ARGENT	BRONZE	Je recommence !
• Utiliser ses connaissances pour expliciter, expliquer le document et exercer son esprit critique.	....	....	OR	ARGENT	BRONZE	Je recommence !
	....	....	OR	ARGENT	BRONZE	Je recommence !
	....	....	OR	ARGENT	BRONZE	Je recommence !

Pratiquer différents langages en histoire et en géographie

Compétences du programme	Page	Date	Degré de maitrise			
			Très bonne maitrise	Maitrise satisfaisante	Maitrise fragile	Maitrise insuffisante
• Écrire pour construire sa pensée, son savoir, pour argumenter et écrire pour communiquer et échanger.	....	....	OR	ARGENT	BRONZE	Je recommence !
	....	....	OR	ARGENT	BRONZE	Je recommence !
	....	....	OR	ARGENT	BRONZE	Je recommence !
• S'exprimer à l'oral pour penser, communiquer et échanger. Connaitre les caractéristiques des récits historiques et des descriptions employées en histoire et en géographie, et en réaliser.	....	....	OR	ARGENT	BRONZE	Je recommence !
	....	....	OR	ARGENT	BRONZE	Je recommence !
	....	....	OR	ARGENT	BRONZE	Je recommence !
• Réaliser des productions graphiques et cartographiques.	....	....	OR	ARGENT	BRONZE	Je recommence !
	....	....	OR	ARGENT	BRONZE	Je recommence !
	....	....	OR	ARGENT	BRONZE	Je recommence !

• Réaliser une production audio-visuelle, un diaporama.	....	....	OR	ARGENT	BRONZE	Je recommence !
	....	....	OR	ARGENT	BRONZE	Je recommence !
	....	....	OR	ARGENT	BRONZE	Je recommence !
• S'approprier et utiliser un lexique spécifique en contexte.	....	....	OR	ARGENT	BRONZE	Je recommence !
	....	....	OR	ARGENT	BRONZE	Je recommence !
	....	....	OR	ARGENT	BRONZE	Je recommence !
• S'initier aux techniques d'argumentation.	....	....	OR	ARGENT	BRONZE	Je recommence !
	....	....	OR	ARGENT	BRONZE	Je recommence !
	....	....	OR	ARGENT	BRONZE	Je recommence !

Raisonner, justifier une démarche et les choix effectués

Compétences du programme	Page	Date	Degré de maitrise			
			Très bonne maitrise	Maitrise satisfaisante	Maitrise fragile	Maitrise insuffisante
• Poser des questions, se poser des questions à propos de situations historiques ou/et géographiques.	....	....	OR	ARGENT	BRONZE	Je recommence !
	....	....	OR	ARGENT	BRONZE	Je recommence !
	....	....	OR	ARGENT	BRONZE	Je recommence !
• Construire des hypothèses d'interprétation de phénomènes historiques ou géographiques.	....	....	OR	ARGENT	BRONZE	Je recommence !
	....	....	OR	ARGENT	BRONZE	Je recommence !
	....	....	OR	ARGENT	BRONZE	Je recommence !
• Réaliser des productions graphiques et cartographiques.	....	....	OR	ARGENT	BRONZE	Je recommence !
	....	....	OR	ARGENT	BRONZE	Je recommence !
	....	....	OR	ARGENT	BRONZE	Je recommence !
• Vérifier des données et des sources.	....	....	OR	ARGENT	BRONZE	Je recommence !
	....	....	OR	ARGENT	BRONZE	Je recommence !
	....	....	OR	ARGENT	BRONZE	Je recommence !
• Justifier une démarche, une interprétation.	....	....	OR	ARGENT	BRONZE	Je recommence !
	....	....	OR	ARGENT	BRONZE	Je recommence !
	....	....	OR	ARGENT	BRONZE	Je recommence !

Je m'évalue au fil de l'année

Se repérer dans le temps : construire des repères historiques

Compétences du programme	Page	Date	Degré de maitrise			
			Très bonne maitrise	Maitrise satisfaisante	Maitrise fragile	Maitrise insuffisante
• Situer un fait dans une époque ou une période donnée.	....	....	OR	ARGENT	BRONZE	Je recommence !
	....	....	OR	ARGENT	BRONZE	Je recommence !
	....	....	OR	ARGENT	BRONZE	Je recommence !
• Ordonner des faits les uns par rapport aux autres.	....	....	OR	ARGENT	BRONZE	Je recommence !
	....	....	OR	ARGENT	BRONZE	Je recommence !
	....	....	OR	ARGENT	BRONZE	Je recommence !
• Mettre en relation des faits d'une époque ou d'une période donnée.	....	....	OR	ARGENT	BRONZE	Je recommence !
	....	....	OR	ARGENT	BRONZE	Je recommence !
	....	....	OR	ARGENT	BRONZE	Je recommence !
• Identifier des continuités et des ruptures chronologiques pour s'approprier la périodisation de l'histoire et pratiquer de conscients allers-retours au sein de la chronologie.	....	....	OR	ARGENT	BRONZE	Je recommence !
	....	....	OR	ARGENT	BRONZE	Je recommence !
	....	....	OR	ARGENT	BRONZE	Je recommence !

Se repérer dans le temps : construire des repères géographiques

Compétences du programme	Page	Date	Degré de maitrise			
			Très bonne maitrise	Maitrise satisfaisante	Maitrise fragile	Maitrise insuffisante
• Nommer et localiser les grands repères géographiques.	....	....	OR	ARGENT	BRONZE	Je recommence !
	....	....	OR	ARGENT	BRONZE	Je recommence !
	....	....	OR	ARGENT	BRONZE	Je recommence !
• Nommer, localiser et caractériser un lieu dans un espace géographique.	....	....	OR	ARGENT	BRONZE	Je recommence !
	....	....	OR	ARGENT	BRONZE	Je recommence !
	....	....	OR	ARGENT	BRONZE	Je recommence !
• Nommer, localiser et caractériser des espaces plus complexes.	....	....	OR	ARGENT	BRONZE	Je recommence !
	....	....	OR	ARGENT	BRONZE	Je recommence !
• Situer des lieux et des espaces les uns par rapport aux autres.	....	....	OR	ARGENT	BRONZE	Je recommence !
	....	....	OR	ARGENT	BRONZE	Je recommence !
	....	....	OR	ARGENT	BRONZE	Je recommence !
• Utiliser des représentations analogiques et numériques des espaces à différentes échelles ainsi que différents modes de projection.	....	....	OR	ARGENT	BRONZE	Je recommence !
	....	....	OR	ARGENT	BRONZE	Je recommence !

Coopérer et mutualiser

Compétences du programme	Page	Date	Degré de maitrise			
			Très bonne maitrise	Maitrise satisfaisante	Maitrise fragile	Maitrise insuffisante
• Organiser son travail dans le cadre d'un groupe pour élaborer une tâche commune et/ou une production collective et mettre à la disposition des autres ses compétences et connaissances.	....	....	OR	ARGENT	BRONZE	Je recommence !
	....	....	OR	ARGENT	BRONZE	Je recommence !
	....	....	OR	ARGENT	BRONZE	Je recommence !
• Adapter son rythme de travail à celui du groupe.	....	....	OR	ARGENT	BRONZE	Je recommence !
	....	....	OR	ARGENT	BRONZE	Je recommence !
• Discuter, expliquer, confronter ses représentations, argumenter pour défendre ses choix.	....	....	OR	ARGENT	BRONZE	Je recommence !
	....	....	OR	ARGENT	BRONZE	Je recommence !
• Négocier une solution commune si une production collective est demandée.	....	....	OR	ARGENT	BRONZE	Je recommence !
	....	....	OR	ARGENT	BRONZE	Je recommence !
• Apprendre à utiliser les outils numériques qui peuvent conduire à des réalisations collectives.	....	....	OR	ARGENT	BRONZE	Je recommence !
	....	....	OR	ARGENT	BRONZE	Je recommence !
	....	....	OR	ARGENT	BRONZE	Je recommence !

S'informer dans le monde du numérique

Compétences du programme	Page	Date	Degré de maitrise			
			Très bonne maitrise	Maitrise satisfaisante	Maitrise fragile	Maitrise insuffisante
• Connaitre différents systèmes d'information, les utiliser.	....	....	OR	ARGENT	BRONZE	Je recommence !
	....	....	OR	ARGENT	BRONZE	Je recommence !
• Trouver, sélectionner et exploiter des informations.	....	....	OR	ARGENT	BRONZE	Je recommence !
	....	....	OR	ARGENT	BRONZE	Je recommence !
• Utiliser des moteurs de recherche, des dictionnaires et des encyclopédies en ligne, des sites et des réseaux de ressources documentaires, des manuels numériques, des systèmes d'information géographique.	....	....	OR	ARGENT	BRONZE	Je recommence !
	....	....	OR	ARGENT	BRONZE	Je recommence !
	....	....	OR	ARGENT	BRONZE	Je recommence !
• Vérifier l'origine/la source des informations et leur pertinence.	....	....	OR	ARGENT	BRONZE	Je recommence !
	....	....	OR	ARGENT	BRONZE	Je recommence !
• Exercer son esprit critique sur les données numériques, en apprenant à les comparer à celles qu'on peut tirer de documents de divers types.	....	....	OR	ARGENT	BRONZE	Je recommence !
	....	....	OR	ARGENT	BRONZE	Je recommence !

Mon parcours de compétences à travers les thème

HISTOIRE

texte	affiche
tableau	caricature, dessin de presse
photographie	graphique
carte, plan	croquis, schéma

THÈME 1 2 3 L'Europe, un théâtre majeur des guerres totales (1914-1945)

1.1 Civils et militaires dans la Première Guerre mondiale

C1 J'analyse un texte → p. 4	C1 J'analyse un texte → p. 6	C2 J'analyse un document iconographique → p. 14	C2 J'analyse un document iconographique → p. 17	C11 Je réalise une tâche complexe → p. 5
TÉMOIGNAGE d'Henry Morgenthau (ambassadeur des USA à Istanbul de 1913 à 1916)	**DISCOURS** de François Hollande sur le génocide arménien	**AFFICHE** de propagande sur l'emprunt français en 1915	**TABLEAU** Otto Dix, *Les Joueurs de skat*, 1920	**TEXTE** de G. Mosse sur la Première Guerre mondiale

C11 Je réalise une tâche complexe → p. 58	C11 Je réalise une tâche complexe → p. 58	C11 Je réalise une tâche complexe → p. 58
TEXTE de F. Rousseau sur la Première Guerre mondiale	**TEXTE** de A. Dupuis sur la Première Guerre mondiale	**PHOTOGRAPHIE** Les tranchées pendant la Première Guerre mondiale

1.2 Démocraties fragilisées et expériences totalitaires dans l'Europe de l'entre-deux guerres

C3 J'analyse un graphique → p. 21	C5 J'apprends à construire un schéma pour mémoriser → p. 30	C5 J'apprends à construire un schéma pour mémoriser → p. 30	C5 J'apprends à construire un schéma pour mémoriser → p. 30	C5 J'apprends à construire un schéma pour mémoriser → p. 3
GRAPHIQUE Résultats des élections en Allemagne (1928-1932)	**PHOTOGRAPHIE** Autodafé à Berlin, 10 mai 1933	**PHOTOGRAPHIE** Camps des Jeunesses hitlériennes, 1944	**AFFICHE** « Vive l'Allemagne », années 1930	**PHOTOGRAPHIE** Parade au Congrès du parti nazi, 1935

1.3 La Deuxième Guerre mondiale, une guerre d'anéantissement

C1 J'analyse un texte → p. 10	Je me prépare au brevet → p. 29
TEXTE de l'historien Jules Maurin, « La Seconde Guerre mondiale, guerre totale »	**DISCOURS** de Winston Churchill : Allocution à la Chambre des communes, 13 mai 1940

1.4 La France défaite et occupée. Régime de Vichy, collaboration, Résistance

C6 Je réalise un croquis → p. 40
CROQUIS La France de mai-juin 1940 : Blitzkrieg et « défaite éclair »

THÈME 1 2 3 Le monde depuis 1945

2.1 Indépendances et construction de nouveaux États

C1 J'analyse un texte → p. 8	C2 J'analyse un document iconographique → p. 15	C14 Je construis une frise chronologique → p. 70	C14 Je construis une frise chronologiqu → p. 7
ARTICLES de presse sur la guerre d'Algérie : *Le Figaro* et *Le Monde*	**AFFICHE** de propagande du PC français contre la colonisation, 1930	**CARTES** • L'Inde, durant la colonisation en 1909 • La partition de l'Inde en 1947 • Le PIB de l'Inde aujourd'hui	**PHOTOGRAPHIES** • Mahatma Gandhi • Jawaharlal Nehru • Narendra Damodardas Modi

2.2 Un monde bipolaire au temps de la Guerre froide

C1 J'analyse un texte → p. 5	C2 J'analyse un document iconographique → p. 12	C2 J'analyse un document iconographique → p. 16	C4 J'analyse une carte → p. 26	C10 Je confronte des documents → p. 54
TEXTE Bernard Aubert, « La construction du mur de Berlin »	**CARICATURE** de Plantu, *Ich bin ein Berliner*	**TABLEAU** Pablo Picasso, *Massacre en Corée*	**CARTE** La bipolarisation du monde et le « Tiers-Monde »	**DISCOURS** de Fulton de W. Churchill, mars 1946

C10 Je confronte des documents → p. 54	C10 Je confronte des documents → p. 54
CARTE « La division de l'Europe en blocs »	**SCHÉMA** « La construction du mur de Berlin »

2.3 Affirmation et mise en œuvre du projet européen

Je me prépare au breve → p. 28	Je me prépare au brevet → p. 80
CARICATURE de Plantu, *Les 20 ans de la chute du mur de Berlin*	**DISCOURS** de De Gaulle : La politique extérieure de la France, 27 avril 1965

2.4 Enjeux et conflits dans le monde après 1989

C11 Je réalise une tâche complexe → p. 60	C11 Je réalise une tâche complexe → p. 60	C11 Je réalise une tâche complexe → p. 60
CARTE La Bosnie-Herzégovine	**EXTRAITS** de la Charte des Nations-Unies : « Les interventions de l'ONU »	**ARTICLE** de J.-F. Soulet : « L'exceptionnelle implication de la France dans le conflit bosniaque »

THÈME 1 2 3 Français et Françaises dans une République repensée

3.1 1944-1947 : refonder la République, redéfinir la démocratie

C2 J'analyse un document iconographique → p. 13
CARICATURE de Jean Effel sur la Libération de Paris, 25 août 1944

3.2 La Ve République, de la République gaullienne à l'alternance et la cohabitation

C14 Je construis une frise chronologique → p. 72
PHOTOGRAPHIES • Le référendum d'octobre 1962 • La Une de *Paris-Match* du 10 mai 1981 • Le vote des femmes en 1944 • Loi Veil sur l'IVG en 1975

3.3 Femmes et hommes dans la société des années 1950 aux années 1980 : nouveaux enjeux sociaux et culturels, réponses politiques

C1 J'analyse un texte → p. 7
DÉCLARATION de Simone Veil devant l'Assemblée nationale le 26 novembre 1974

Mon parcours de compétences à travers les thème

GÉOGRAPHIE

texte	tableau	photographie	carte, plan
affiche	caricature, dessin de presse	graphique	croquis, schéma

THÈME 1 2 3 Dynamiques territoriales de la France contemporaine

1.1 Les aires urbaines, une nouvelle géographie de la France mondialisée

C3 J'analyse un graphique → p. 22	C5 J'apprends à construire un schéma pour mémoriser → p. 35	C12 Je localise et je situe à différentes échelles → p. 68
GRAPHIQUE Croissance de population en % au sein des aires urbaines en France	**PHOTOGRAPHIES** • Vue aérienne de Strasbourg • Les agriculteurs abandonnent les champs recouverts par la forêt à Nantes • Station de ski Isola 2 000 • Le centre commercial Atantis à Nantes	**CARTES** Temps d'accès au réseau de transports en commun à Marseille par arron-dissement ; Liaison entre Paris et les métropoles françaises par les lignes TGV

1.2 Les espaces productifs et leurs évolutions

C2 J'analyse un document iconographique → p. 18	C1 J'analyse un texte → p. 18	C5 J'apprends à construire un schéma pour mémoriser → p. 31	C5 J'apprends à construire un schéma pour mémoriser → p. 31
PHOTOGRAPHIE le Mont Saint-Michel	**TEXTE** « Le Mont Saint-Michel : la fin de 10 ans de travaux »	**PHOTOGRAPHIE** Centre de recherches Peugeot de Vélizy	**PHOTOGRAPHIE** Usines Bonduelle d'Estrées-Mons

1.3 Les espaces de faible densité (espaces ruraux, montagnes, secteurs touristiques peu urbanisés) et leurs atouts

C1 J'analyse un texte → p. 11	C4 J'analyse une carte → p. 27	C10 Je confronte des documents → p. 56	C10 Je confronte des documents → p. 57	Je me prépare au brevet → p. 81
TEXTE Vincent Adoumié, *Géographie de la France*	**CARTE PAR ANAMORPHOSE** Les espaces de faible densité en France en 2012 : espaces en reconversion, espaces en crise	**CARTE** Taux de chômage et évolution dans les régions françaises 2008-2014	**TEXTES** • « Le chômage dans la région Nord-Pas-de-Calais » • Mickaël Le Priol, « Le taux de chômage des jeunes en Ile-de-France »	**CARTE** Les espaces de faible densité en France

THÈME 1 — 2 — 3 Pourquoi et comment aménager le territoire ?

2.1 Aménager pour répondre aux inégalités croissantes entre territoires français, à toutes les échelles

C2 J'analyse un document iconographique → p. 19	C6 Je réalise un croquis → p. 38	C12 Je localise et je situe à différentes échelles → p. 64	C12 Je localise et je situe à différentes échelles → p. 65
VUE AÉRIENNE et **PLAN** de Disneyland Paris	**CROQUIS** L'organisation du territoire national	**CARTES** Metz et sa région	**PHOTOGRAPHIE** Le centre Pompidou-Paris

2.2 Les territoires ultra-marins français : une problématique spécifique

C1 J'analyse un texte → p. 9	C13 Je maitrise différentes projections → p. 66
TEXTE « Le développement fragile des territoire ultra-marins », *La Documentation française*	**PLANISPHÈRES** selon différentes projections : localisation de la Nouvelle-Calédonie

THÈME 1 — 2 — 3 La France et l'Union européenne

3.1 L'Union européenne, un nouveau territoire de référence et d'appartenance

C4 J'analyse une carte → p. 25	Je me prépare au brevet → p. 83
CARTE L'Union européenne, des écarts de richesses (2014)	**CARTE** L'organisation du territoire européen

3.2 La France et l'Europe dans le monde

C3 J'analyse un graphique → p. 23	Je me prépare au brevet → p. 28	C6 J'analyse un croquis → p. 41
GRAPHIQUE Évolution des exportations des principaux pays exportateurs mondiaux	**CARICATURE** de Plantu, *Les 20 ans de la chute du mur de Berlin*	**CROQUIS** La position stratégique de la France dans l'Union européenne

Table des illustrations

Page		Crédit
12	©	Plantu
13		Coll. Kharbine Tapabor © ADAGP, Paris 2016
14	ph ©	Bianchetti / Leemage
15	Coll.	Alain Gesgon / CIRIP
16	ph ©	Jean-Gilles Berizzi / RMN-GP © Succession Picasso 2016
17	ph ©	akg-images
18	ph ©	Mathias Neveling © Dietmar Feichtinger Architectes
19		Imagery © 2016 Google, Map data
24		Extraits de données Géoportail © IGN - 2016
27	©	http://territoires2040.datar.gouv.fr/
28	©	Plantu
30- h		Coll. Georg Pahl / Wikimedia Commons by the German Federal Archive
30- mg	ph ©	Ullstein Bild / Roger-Viollet
30- md	ph ©	akg-images
30- bd	ph ©	Photographe anonyme / Bundesarchiv, Bild 146-1995-066-10A
31- g	ph ©	Didier MAILLAC / REA
31- d	©	Bonduelle
35- 1	ph ©	Rauschenbach Jean-Marc - www.clipimage.net
35- 2	ph ©	Peter Breman / ONF
35- 3	ph ©	ROBERT PALOMBA/ ONLYFRANCE.FR
35- 4	ph ©	FRANCK DUBRAY / PHOTOPQR / OUEST FRANCE / MAXPPP
42- h	ph ©	José Antonio Moreno - www.agefotostock.com
42- bg	ph ©	Noëlle VIONNET partagé sur http://www.routard.com/
42- bd	©	www.jaipur-voyage.com/
43- h	ph ©	José Antonio Moreno - www.agefotostock.com
43- m		capture écran Karambolage 255 - rediffusé le 07/06/2015, texte : Jeanette Konrad, image : Philipp Seefeldt © ARTE France 2015
43- b	©	www.toolito.com/
45- h	©	2016 Google Map data © 2016 GeoBasis-DE/BKG (©2009)
45- bg	ph ©	José Antonio Moreno - www.agefotostock.com
45- bd	ph ©	Tallandier / Bridgemanimages.com
56	©	Service Infographie du Figaro/ lefigaro.fr / 05.11.2015
58	ph ©	Denise Follveider / Reuters
64		Map Date © 2016 Google
65	ph ©	Pawel Libera / LightRocket via Getty Images
68- g	©	Insee, estimation composite RP 2007 ; MPM/RTM 2011
68- d	©	SNCF - RFF - AUDIAR
70- 1		Coll Edinburgh Geographical Institute; J. G. Bartholomew and Sons
70- 2	©	Historicair 2006
70- 3		Atelier de cartographie de Sciences Po, oct 2007 © La Documentation Française
70- 4	ph ©	AFP PHOTO / PRESS INFORMATION BUREAU
70- 5	ph ©	RIA Novosti / AFP PHOTO
70- 6	ph ©	Reynaldo Paganelli / NurPhoto / AFP PHOTO
71- h	ph ©	AFP PHOTO / PRESS INFORMATION BUREAU
71- m	ph ©	RIA Novosti / AFP PHOTO
71- b	ph ©	Reynaldo Paganelli / NurPhoto / AFP PHOTO
72- 1	ph ©	AFP PHOTO
72- 3	ph ©	AFP PHOTO
72- 2	©	PARIS MATCH / SCOOP
72- 4	©	Legifrance.gouv.fr
78	©	2016 Google Earth
79	©	2016 Google Earth
86- 1	ph ©	akg-images
86- 2	ph ©	Ullstein Bild / Roger-Viollet
86- 3		Coll. Kharbine Tapabor © ADAGP, Paris 2016
86- 4	ph ©	AFP PHOTO
86- 5	ph ©	Jean-Gilles Berizzi / RMN-GP © Succession Picasso 2016
86- 6	ph ©	AFP PHOTO
86- 7	©	Legifrance.gouv.fr
86- 8	©	PARIS MATCH / SCOOP
86- 9	©	Plantu
87- 1	©	http://territoires2040.datar.gouv.fr/
87- 2	ph ©	ROBERT PALOMBA/ ONLYFRANCE.FR
87- 3	©	SNCF - RFF - AUDIAR

IMPRIM'VERT
Votre imprimeur agit pour l'environnement

Achevé d'imprimer par L.E.G.O. S.p.A., Lavis (TN) - Italie
Dépôt légal : 02692-6/02 - Mai 2017

ÉDITION ET COORDINATION : Blandine Renard
PRINCIPE MAQUETTE : Massimo Miola
ADAPTATION MAQUETTE : Sophie Duclos
MISE EN PAGE : Stéphanie Capitolin, Muriel Seisser et Sophie Duclos
SCHÉMAS : Olivier Aubert
CARTOGRAPHIE : AFDEC
ICONOGRAPHIE : Hatier Illustration